T0131622

Yo también quería ser infeliz pero fracasé.

Basado en las enseñanzas de UN CURSO DE MILAGROS

Alde

BALBOA
PRESS

A DIVISION OF HAY HOUSE

Puede hacer pedidos de libros de Balboa Press en librerías o poniéndose en contacto con:

Balboa Press
Una División de Hay House
1663 Liberty Drive
Bloomington, IN 47403
www.balboapress.com
1 (877) 407-4847

ISBN: 978-1-5043-3161-6 (tapa blanda)
ISBN: 978-1-5043-3163-0 (tapa dura)
ISBN: 978-1-5043-3162-3 (libro electrónico)

Información sobre impresión disponible en la última página.

Fecha de revisión de Balboa Press: 7/23/2015

Nada irreal existe.
Nada real puede ser amenazado.

Jesús.

Agradecimientos

A mis padres por su amor incondicional.

A Hertica, una hadita que habita en mi corazón y deambula entre mis sueños.

Y todos aquellos que de una u otra manera han tocado mi vida, pues son mi camino, son parte de mí.

Introducción

Un día me hice esta pregunta: ¿Qué sucede en mi mente cuando tengo una pregunta? Pues dado que no tenía una respuesta a la mano tuve que investigar, así que seguí la mecánica de mis pensamientos y pude ver una parte de mí haciendo la pregunta y otra parte contestándola, o al menos intentándolo. Vi como al plantear una pregunta se establecía un diálogo conmigo mismo. Uno se pregunta, se responde, se refuta y argumenta, todo uno mismo.

Es algo que hacemos todo el tiempo, un parloteo, un monólogo que a veces expresamos con palabras aunque generalmente solo transcurre en nuestro interior.

Ahora bien, cuando uno se hace la pregunta ¿Quién soy yo? sucede algo diferente, aparece un nuevo actor y el monólogo se hace diálogo. De repente evidencio que soy un observador que a cierta distancia examina a otro.

Como mi propósito es conocer quién soy, surge naturalmente la pregunta: ¿Cuál de los dos personajes soy yo? Si soy el que observa, entonces... ¿quién es el otro? El otro es el ego, esa imagen de mí con la cual siempre me he identificado y que ahora se presenta difusa y sospechosa.

Este es el punto de partida de una maravillosa aventura que contra natura, busca reconocer lo que "**no somos**" para llegar a recordar lo que "**realmente somos**".

De eso trata este libro, de esa dichosa pregunta y de lo que surge después, es decir, las otras preguntas y las otras respuestas, entrelazadas todas en un diálogo sin comienzo ni final.

Para algunos quizás haya aquí más preguntas que respuestas, para otros tal vez más respuestas que preguntas, no importa, solo espero que ambas puedan serle de utilidad en su camino.

Indice

El comienzo es el final

- Definitivamente nunca respondiste mi pregunta: ¿Eres feliz?

- *Claro que sí, te dije que quería ser infeliz pero fracasé.*

- Ja, ja, contigo no hay caso. La felicidad es un asunto complicado.

- *Pues si... y no.*

- ¿Ves? Como puedes decir que si y no, eso no tiene ninguna lógica.

- *Claro que la tiene, lo que sucede es que tú y yo vemos las cosas desde ángulos diferentes.*

- ¿Qué tiene que ver la visión con todo esto?

- *Que para ti algo que no es lógico posiblemente si lo sea para mí. Me explico. Cuando dices que la felicidad es algo complicado la estás viendo desde una perspectiva en donde la felicidad es algo que puede variar, que a veces está y a veces no está, algo que hay que conseguir, y por eso te resulta complicado, lo ves?*

- Pues es cierto, la felicidad es así, no conozco ninguna otra. ¿O acaso existen varias felicidades?

- *No es que existan varias, es una sola, solo que tú la ves diferente, desde tu mundo.*

- No, ¿ahora la cosa es que hay varios mundos?

- *Sí y no, pero no nos enfrasquemos en ese tema ahora. La cuestión es que desde tu mundo la felicidad es algo parcial, es la forma en que vemos todo en este mundo, como cosas parciales, relativas.*

- ¿Acaso hay otra forma?

- *Si, verlas como lo que son, totales, absolutas.*

- Contigo no se puede hablar, todo lo complicas.

- *Fuiste tú quien dijo que la felicidad es complicada.*

- Sí, bueno, pero dime por qué dices que sí y no.

- Parece que sí cuando la ves desde tu mundo parcial donde todo es complicado, y parece que no cuando lo ves desde el otro mundo, donde se ve como un todo.

- Ya entiendo, ahora lo veo "todo" complicado, ja, ja

- A ver dime algo, ¿eres feliz? Piénsalo bien.

- Mmmmm... No es tan simple como un sí y no como tú dices. Pienso que realmente nadie lo es, o al menos no todo el tiempo. La vida tiene sus momentos, algunos buenos y otros malos. Es posible que en el tiempo las dichas y las desdichas se equilibren y uno pueda decir si fue feliz o no, pero generalmente la balanza se inclina hacia los momentos de infelicidad. ¿Has notado que las personas se hacen más hurañas a medida que envejecen?

- Si, que bueno que lo notaste, eso se debe a que queremos ser infelices.

- ¿Qué? ¡Estás loco!

- Un poco, pero luego te explico. Volviendo a la pregunta respecto a tu felicidad, note algo de indecisión en tu respuesta, así que la voy a tomar como un no. Además dices que nadie es feliz al cien por cien. ¿Por qué lo crees?

- No lo sé, así es la vida. He intentado ser feliz desde que tengo uso de razón y algunas veces quiero atraparla se me escurre entre los dedos y de nuevo estoy como al principio, sin nada. Cuando obtengo algo que creí que me daría felicidad, ésta se me escapa. Es algo efímero.

- Tu felicidad es variable, en un momento la tienes y al siguiente no.

- Es parecido a escalar una montaña con la esperanza de poder desde la cima divisarlo todo y al llegar allí encontramos con otra montaña que la primera no dejaba ver. Al escalarla de nuevo ocurre lo mismo, así una y otra vez. Siempre hay algo que daña esa felicidad momentánea. Y siempre termina uno preguntándose: ¿Por qué no soy feliz?

- *La respuesta a tu pregunta es tan simple que no lo creerías. No la ves porque la haces desde una visión equivocada, asumes que no eres feliz y eso lo cambia todo aunque créeme, eres feliz.*

- No lo creo. Mira mi propia vida, o cualquier otra vida, es igual, los problemas nunca faltan, el dinero, la salud, el amor, siempre hay algo que nos preocupa o nos atemoriza. Mi vida consiste en tratar de cambiar eso aunque créeme que sobrepasa mis capacidades. ¿Qué puede uno hacer para cambiar?

- *Nuevamente la respuesta es simple y la pregunta está mal enfocada. No tienes que hacer nada, es decir, tan solo dejar de hacer de lo que siempre haces; pues lo que haces es lo que produce el mundo en que vives.*

- ¿Dices que yo hago mi mundo infeliz? No creo, por ejemplo no quiero la inseguridad, entonces, ¿por qué habría de crear un mundo inseguro? Por supuesto que quiero un mundo feliz, eso es lo que trato de hacer a cada instante, no al contrario como tú dices.

- *Pareciera que no quieres y en el fondo es lo que quieres y lo que haces. Antes de entrar en más complicaciones y enredos por qué no empezamos por el principio, por la pregunta correcta.*

- ¿Cuál sería entonces según tú la pregunta correcta?

- *La pregunta esencial siempre ha sido y aún es: ¿Quién soy? De allí parte todo y de cómo respondas a esta pregunta depende si vas a ver un mundo feliz o infeliz. El problema radica en que casi nadie lo sabe a conciencia. ¿Qué dices tú a esta pregunta?*

- Pues yo soy un ingeniero.

- *No eres un ingeniero, eso fue lo que estudiaste en la universidad. Te pregunto de nuevo ¿Quién eres?*

- Bueno, tienes razón. Déjame ver.... Soy... el hijo de A y B, nacido en la ciudad de C en el año 1234, estudié en la universidad C y trabajo en la empresa D, estoy casado con E, tengo n hijos....

- *Para, para. No, ese es tu pasado, tus recuerdos. No eres pasado. Si fueras pasado ya no serías, tampoco eres futuro pues en ese caso aun ni serías. Prueba de nuevo...*

- Ehhh... ¿Un ser humano?

- *No, esa es una clasificación que describe tu especie, una etiqueta que te has colocado.*

- ¿Un ser vivo?

- *No, esa es una condición de tu cuerpo, otra etiqueta.*

- Mmmmm...

- *¿Parecía fácil no? Realmente lo es, solo es cuestión de enfoque. Podríamos pasarla así un buen rato mientras sigas identificándote con aspectos temporales y pasajeros. ¿Quieres intentar algo distinto?*

- Bueno, déjame pensar.... En realidad si lo analizo un poco, no soy nada de lo que creo ser. La verdad no lo sé. ¿Tú que responderías?

- *Soy un hijo de Dios.*

- Si eso ya lo sabía, me lo enseñaron mis padres cuando niño, que fui creado a su imagen y semejanza y bla, bla, bla

- *Sabes la teoría, mas... digamos que no sabes lo que esto significa, aunque una mejor manera de decirlo sería que no sabes que lo sabes y en este momento no eres consciente de lo que esto implica.*

- Lo sé, créeme, sé que Él es perfecto y lo sabe todo, tiene unas cualidades increíbles, únicas y todo lo puede. Él sabe todo lo que hacemos porque lo ve todo y así cualquier cosa mala que hagamos él la ve y un día, el día del juicio final, seremos llamados a rendir cuentas y tendremos que pagar por nuestros errores.

- *Cálmate, que me has soltado todo el rollo de un solo tirón. Vamos con calma. En parte tienes razón, Dios tiene unas cualidades que a ti te parecen increíbles y efectivamente es perfecto. Partamos de allí. Primero que todo si aceptas que eres un hijo de Dios y que fuiste creado a su imagen y semejanza, dime ¿por qué ese Dios perfecto ha creado una criatura imperfecta dado que sufre?*

- Bueno, creí que el de las dudas era yo. ¿Es una pregunta retórica verdad?

- *No*

- Mmmmm... me imagino que él quiso experimentar lo que es vivir en el mundo, es decir somos Dios experimentando esta vida.

- *¿Para qué querría Dios experimentar el sufrimiento? ¿Acaso tú mismo y todos aquí no queremos deshacernos del dolor?*

- Bueno si, Dios tendrá sus razones porque él es perfecto y nosotros somos humanos, cometemos errores y por eso no podemos juzgar sus actos.

- *Tú los has dicho Él es perfecto por tanto sus creaciones son perfectas, eso significa que tu eres perfecto.*

- ¡Aja! ahí está la cosa, si soy perfecto entonces ¿por qué no soy feliz?

- *¡Aja! Ahí está la cosa, eres perfecto por tanto ¡eres feliz!*

- ¡Que no hombre!, claro que sufro, todos sufrimos, ¿acaso no lo ves?

- *Eres tú el que no ves, por eso quería que empezáramos por el principio respondiendo la pregunta ¿Quién eres tú? Obviamente no lo sabes y ese es el problema. Estás confundiendo tu ser real con otro ser, con una imagen de algo que no eres y que te estás identificando con ella. Es simple, el ser que eres, el hijo de Dios, es feliz sin embargo ese ser que crees ser, con el que te estás identificando, ese ser si sufre.*

- ¿Una imagen?, ¿soy una imagen? No lo creo, soy muy real, mírame, tócame.

- *No, no eres una imagen, he dicho que te estás identificando con una imagen, no que fueras una. Eres un hijo de Dios y eso no se puede cambiar. Tal vez puedas imaginar que eres algo distinto, un ser que entre otras cosas puede sufrir, de hecho lo crees, aunque es solo tu imaginación, pues no puedes cambiar tu realidad. Eres un hijo perfecto de Dios y punto.*

- ¿Y punto?, Entonces ¿ahí acaba todo? Ja, que dijiste: ya se te han solucionado tus problemas, chao. No la cosa no es tan sencilla como crees. Si así fuera todos diríamos ahora mismo:"somos hijos de Dios, se han terminado todos nuestros problemas", ja, ja.

- *Aunque te parezca increíble, si así lo hiciéramos, con la plena consciencia de que es verdad, así sería.*

- Me parece que no es tan fácil, llevamos miles de años tratando de solucionarlo y tal parece que cada día somos más infelices. El mundo cada día está peor.

- *Pareciera que está empeorando, y en el fondo es el mismo. La verdad es que no se ha solucionado nada porque no hay nada que solucionar, excepto la creencia de que hay algo que solucionar.*

- ¡No! Esto cada vez se complica más. Volvamos al punto. Dices que soy hijo de Dios y que soy perfecto. Entonces ¿por qué no soy feliz?

- *Efectivamente, eres hijo de Dios y eres perfecto y eres feliz. No te parece porque en este momento estas identificado con un ser imperfecto que puede ser infeliz, es un personaje ilusorio de un sueño.*

- ¿Un sueño?

- *Si, digamos que nos encontramos en un sueño. Los personajes de este sueño son seres imperfectos creados por Dios, lo cual resulta ilógico, pero recuerda que es un sueño y en un sueño cualquier cosa puede suceder. En ese sueño no eres feliz y nadie lo es como tú dices. Sin embargo fuera del sueño si eres feliz porque eres perfecto. ¿Lo ves?*

- ¿Estoy soñando en este momento? Esa no me la creo.

- *Si algo así. "TÚ" fuera del sueño no eres ese "tú" que está haciendo la pregunta. Ese "tú" es el personaje del sueño, un ser ilusorio. El "TÚ" real es quien está soñando, el soñador. "TÚ" está dormido y soñando ese personaje que llamas "tú".*

- Un momento, un momento, ya me perdí, volvamos a la pregunta. ¿Quién es YO entonces?

- *Un ser que sueña con un personaje al que le dice "yo" y que es el que está hablando en este momento conmigo. Así que cuando "tú" dices "yo soy esto" o "yo soy aquello" en verdad está hablando el personaje del sueño, no tu ser Real, el soñador. Cuando afirmas que sufres en verdad no eres TÚ el que sufre sino "tú". ¿Está claro?*

- Corrígeme si me equivoco. ¿Dices que cuando digo "yo" en verdad no soy "YO" realmente?

- *Si. Es algo que no se puede expresar con palabras porque las palabras son parte del sueño. Estamos como ciegos tratando de describir el color de una rosa, sin embargo es una buena aproximación. Creamos este mundo loco como un sueño porque es la única manera en que ello podría ser posible. En ese sueño inventamos un personaje, le dimos unas características, una personalidad, una forma de ser, sentimientos, emociones, cuerpo físico y le creamos un mundo a su alrededor. Casas edificios, montañas, todo. Luego nos identificamos con ese personaje, le decimos "yo", igual que en un sueño. Creemos ser ese personaje que va por ahí en el sueño caminando o "volando", apareciendo aquí y allá, imaginando que hace cosas increíbles.*

- Pero en algún momento despertamos y volvemos a la realidad donde no podemos hacer esas cosas increíbles.

- Técnicamente no despertamos sino que despertamos en otro sueño, o sea en este que llamas realidad. Y créeme en este sueño también imaginamos cosas increíbles como creer que nos hemos separado de Dios, que somos imperfectos y podemos sufrir y otras.

- Y ¿cómo es que Dios permitió que durmiéramos e imagináramos un mundo tan loco? Porque evidentemente lo es. No somos perfectos, somos infelices, tenemos que ir a trabajar, enfermamos, y por si fuera poco al final... morimos. ¡No podría ser peor!

- En verdad Dios no ha permitido nada. Somos nosotros quienes por un momento olvidamos nuestra perfección. Dios es perfecto y no crea ilusiones, El crea realidades perfectas.

- Obvio, si Dios es perfecto sus creaciones son perfectas y por supuesto reales. Está bien, acepto eso, pero al menos podría ayudarnos ¿no?

- No.

- Cómo que no puede ¿Acaso no es todo poderoso? O el olvidarnos de que somos perfectos como dices, sea algo tan grave como para que no pueda perdonarnos. No, no imagino a Dios así, vengativo y sin misericordia.

- Si fuera real que podemos contravenir su creación y dejar de ser perfectos entonces Dios sería imperfecto y podría llegar

a ser como tú dices: vengativo e inmisericorde. Dime una cosa, ¿tienes hijos?

- Si.

- Pues bien, para que te des una idea del porque Dios realmente no puede intervenir, imagina por un momento que tu hijo está en tu casa, en la cama dormido y soñando. En su sueño vive una serie de situaciones que mientras esté dormido a él le parecen absolutamente reales. Supón que ese sueño se convierte en pesadilla, el personaje del sueño está sufriendo y por supuesto no quiere estar así, pide ayuda y trata de solucionar su situación de alguna manera. Tú que lo ves dormido, solo lo notas inquieto y lo mejor que puedes hacer es tratar de despertarlo lo más amorosamente posible para que no se asuste. No puedes intervenir en su sueño pues no haces parte de él, no ves lo qué está soñando y sabes que no es necesario hacer algo porque solo es un sueño, nada malo le pasa en verdad, nada puede dañarlo o darle muerte o hacerle sufrir realmente. Sabes que en cuanto despierte todo esto desaparecerá en la misma nada de donde vino. Bien, ahora imagina que Dios es nuestro padre y nosotros, sus hijos, dormimos. Es lo mismo.

- Lo veo, pero créeme para mí este mundo es absolutamente real, lo siento, no se parece en nada a un sueño. Dime ¿dónde está todo esto?

- Cuando duermes, sueñas y luego despiertas, ¿dónde está ese mundo de sueños que tuviste?, los personajes, las montañas, las cosas y situaciones que parecías vivir, ¿a dónde se han ido? A ninguna parte porque solo eran una ilusión. No estaban en alguna parte por tanto no pueden irse para alguna otra. Cuando llega la luz ¿para donde se ha ido la oscuridad?

- ¿Todo está en mi mente verdad?

- Verdad. Esta es una afirmación más grande de lo que imaginas. ¿Sabes lo que significa que TODO está en la mente?

- Creo, ¿significa que he inventado todo eso?

- *Dices "todo eso" como si no fuera la gran cosa, en realidad es "TODO ESO", es decir todo, todo, todo. Mira, hasta el más mínimo detalle de nuestro mundo es una creación de la mente. Estamos convencidos de que existen un mundo de objetos allá afuera que son percibidos por nuestros sentidos cuando en realidad dichos objetos existen solo en nuestra mente y son proyectados en una especie de pantalla de cine mental que nos da la sensación de existen fuera de la mente.*

- ¿Queee? ¡Esa si no te la creo!

- *Mira, sé que esta idea es difícil de asimilar pero créeme no hay otra forma de decirlo sin que se preste a interpretaciones. Lo mejor es usar la imaginación, ese permiso que damos a nuestra mente para aceptar aquellas cosas absurdas y generalmente rechazadas. Imagina que tienes un pedazo de arcilla en tus manos y puedes con ella moldear lo que quieras. Por ejemplo un perrito o cualquier cosa que creas conocer bien. Trata de imitar aquello que conoces, de hacer una imagen de tus pensamientos. Si el resultado se parece o no se debe solo a tu capacidad para reflejar en él lo que conoces del objeto original. Algo similar ocurre con nuestro mundo, es un modelo. Es este caso el material no es arcilla sino pensamientos, todo es pensamiento reflejado en la pantalla de nuestra mente, la gran diferencia es que no existe un perrito ni ninguna otra cosa allá afuera sino que solo son pensamientos, todo está en la mente, y todo eso está siendo creado de instante en instante, justo ahora.*

- Sigo sin creer que pueda ser así, el mundo es tan objetivo, tan evidente.

- *Ja, ja. Eso es lo más curioso, parece tan increíble y todos lo creemos, por eso no hay que ver para creer sino creer para ver. ¿Te gusta el cine verdad? Bueno es similar. Cuando estás* en la sala viendo la película te olvidas de que estas sentado en un salón oscuro mirando hacia una pared blanca y por un rato crees que vives las escenas de la película que se proyectan en esa pared. ¿No es cierto?

- Es cierto, y precisamente por eso me gusta, porque me hace olvidar de todo lo que sucede allá afuera.

- *Bueno, es increíble ¿verdad? sin embargo crees que estás en esa película sufres, lloras, ríes. En resumen, vives la película. ¿Y no lo crees?*

-Sí, lo creo y vivo la película como si me estuviera pasando a mí, aunque es claro que recuerdo estar en un cine y recuerdo cuando tomé la decisión de entrar a ver una película, sé que un día terminará y regresaré a mi vida normal. No sucede lo mismo con este mundo que llamas sueño porque no recuerdo haber decidido entrar en él. ¿Cómo empezó todo, como es que terminamos en este sueño?

- *Imagina nuevamente que un día te despiertas en la mañana y como cualquier otro día, te levantas, te bañas, desayunas, te vas para tu trabajo, trabajas durante todo el día, regresas en la tarde a tu casa y te vuelves a acostar. Es decir vives un día normal y corriente. Resulta que en ese día nunca te despertaste en la mañana sino que lo soñaste, que te despertabas, te levantabas y te bañabas. En fin sigues dormido y sueñas que estás viviendo un día normal aunque en realidad lo estás soñando. Si nunca te despiertas no notarás la diferencia, podrías seguir en ese sueño pensando que estas despierto ¿verdad? Pues eso es lo que creemos, creemos estar despiertos y no es verdad.*

- Qué locura... ¿o sea que es un pequeño olvido?

- *Si, un pequeño gran olvido.*

Lo único que hay que cambiar es todo

- Estaba pensando en las cosas que hablamos la última vez. Aunque son conceptos extraños, de alguna manera los considero familiares ¿sabes?, me llegan como un antiguo recuerdo.

- *Sí, puede suceder aunque no es común. Generalmente las personas se disgustan cuando les hablas de estas cosas que nos hacen cuestionar nuestras creencias más íntimas y arraigadas en nuestra mente.*

- Sí, es cierto. A mí me gusta porque siempre he tenido esas dudas. Ahora que lo mencionas, lo que dijiste removió algo muy profundo dentro de mí que no he podido sacar de mi pensamiento. Si mal no recuerdo estabas hablando sobre la mente y sobre el mundo que vemos ¿recuerdas?

- *Sí, decíamos que TODO lo que vemos es construido por nuestra mente y poníamos el ejemplo del cine.*

- Sí, eso me ha quedado dando vueltas. ¿A qué llamas tu mente? ¿Al cerebro?

- *No, la mente de la que te hablo no tiene nada que ver con algo físico. Está asociada con el cerebro ya que este es solo un instrumento. Digamos que la mente es una emisora de radio que emite señales al universo y tú cerebro es un receptor de dichas ondas.*

- ¿Es decir que el cerebro no es el que piensa?

- *No, solo decodifica una señal y la convierte en algo que entiendes. Los pensamientos brotan de la mente como las ondas y llegan allí. Puedes escucharlos o no dependiendo de qué emisora tengas sintonizada. Por eso te decía que hacías las preguntas desde una visión equivocada, es decir estás sintonizando una emisora diferente. El proceso de decodificación de las señales es lo que llamamos percepción. Percibir es lo mismo que sintonizar y decodificar los pensamientos.*

- ¿O sea que los pensamientos existen independientemente del cerebro como las ondas de radio son independientes de mi radio receptor?

- *Tienes razón, el principio es el mismo. En verdad todo son pensamientos.*

- ¿Todo?

- *TODO. Los pensamientos son los ladrillos, los átomos que construyen la realidad.*

- ¿Incluso aquellos átomos que conocemos en la física son pensamientos?

- *Sí, TODO, incluso los átomos. Verás, todo en el universo son sistemas y un sistema es un conjunto de elementos relacionados, ¿verdad?*

- Es verdad, relacionados con un propósito común. ¿Y eso que tiene que ver?

- *Bueno pues si todo es un sistema, nuestro pensamiento también es un sistema, un sistema de pensamiento, es decir un conjunto de pensamientos que están interrelacionados y como tú dices acertadamente, con un propósito.*

- Puede ser, no digo que no, solo que nunca se me había ocurrido.

- *Bueno, pues este "sistemita" es el que conforma nada más ni nada menos que nuestra realidad.*

- ¿Queee?... ¿y me lo dices así no más?

- *¿Hay otra forma?*

- Es que es una afirmación mayúscula, no me cabe en la cabeza lo que acabas de decir, no termino por asimilarlo.

- *Es difícil en verdad. Tienes la consciencia de que no lo has hecho y eso es una ventaja, otros simplemente lo dejan así, como un conocimiento más que posiblemente les servirá en su carrera profesional o para impresionar a algún tonto desprevenido.*

- Pues conmigo lo has logrado y gracias por lo de tonto. En serio, no sé cómo asimilar eso.

- *Tómalo por ahora como un axioma. Es un punto de partida que luego encajará dentro de todo el conjunto de ideas, como un sistema ¿lo ves?*

- Un sistema de sistemas.

- *Si, los sistemas de pensamiento son recurrentes. Necesitamos un sistema de pensamiento para conocer el sistema de pensamiento. Es como aprender a aprender.*

- Recapitulando, todo es pensamiento, los pensamientos se organizan en sistemas para conformar realidades. ¿Eso significa que existen tantas realidades como sistemas de pensamiento existen?

- *Sí y no. Digamos que existe un sistema de pensamiento que es el sistema de todos los sistemas. El TODO. Eso quizás te suene similar al concepto de DIOS y la razón es porque efectivamente es lo mismo. Dios es el sistema de sistemas, es la Realidad. Todos los demás sistemas son solo subsistemas, no son el TODO, son parciales. Bien mirado entonces existen dos tipos de sistemas de pensamiento: el TODO o sistema Real y el PARCIAL y por lo tanto irreal*

- ¿Cómo así, existen mundos o realidades irreales?, ¡esto es una locura!

- *Digamos para sonar un poco coherentes que existe un sistema de pensamiento Real y otro ilusorio, aunque como habrás notado existe una contradicción en el enunciado puesto que si es ilusorio significa que no existe.*

- Exactamente, has sido víctima de tu propio invento

- *Bueno es cierto y eso se debe a algo que aún no te he dicho algo que tiene que ver con los sistemas de pensamiento y es que por un lado son obligatorios es decir necesariamente se tiene que* estar en uno, y el otro es que son excluyentes, significa que estás en uno o en otro pero no puedes estar en ambos, son opuestos como las caras de una moneda.

- Como esta mesa por ejemplo que está aquí y no está allá, es decir solo ocupa un único lugar en el espacio.

- *Si, esa es la idea, en este momento tú y yo nos encontramos en un mismo sistema de pensamiento y por eso podemos comunicarnos y entendernos. Estamos sintonizando la misma emisora de radio lo que significa que estamos usando el mismo modelo decodificador por eso vemos lo mismo, es decir estamos en el mismo mundo, en la misma realidad, en el mismo sistema de pensamiento.*

- ¿Y no hay comunicación entre ellos?

- *No, son diametralmente opuestos, uno es ilusorio y el otro es real. Desde cada uno de ellos no existe el otro.*

- Y dices que en este momento estamos en el ilusorio.

- *Si, el sistema en el que estamos sintonizados ahora es un sistema ilusorio en donde todo está basado en opuestos, es dual, por eso existen conceptos de bien y mal, bonito-feo, blanco-negro, real-irreal y es posible el concepto de dos realidades opuestas una real y otra irreal. En el sistema real en cambio no existen opuestos, todo es uno.*

- Uuuuy, esto ya lo estoy viendo borroso, mejor dicho "dual", ja, ja

- *Y eso no es todo, se complica más porque necesitamos un sistema para poder entenderlo, y si estamos en este sistema dual es difícil captar la unidad, el TODO porque percibimos dual. Igual sucede a la inversa. En el sistema TODO no somos capaces de ver el sistema dual. Como la mesa que no puede estar en dos sitios al mismo tiempo.*

- Creo que empiezo a vislumbrar para dónde vas con todo este cuento. ¿Quieres decir que soy en verdad un ser perfecto creado por Dios y que debido a que me encuentro sumido en este sistema de pensamiento parcial al que en algún momento llamaste sueño, no puedo percibirlo? Es decir, el sistema de pensamiento que tengo instalado en mi mente, mi sistema operativo hablando en términos informáticos y que es un sistema parcial basado en opuestos, es decir dual, ¿no me deja ver la realidad de que soy perfecto?

- *Tú lo has dicho. Es más, todo lo que hagas o pienses dentro de ese sistema hace parte del sistema.*

- Similar a la ley de clausura que nos enseñaron en matemática**.**

- *Si, cualquier operación con este conjunto de números arrojará como resultado otro número del mismo conjunto.*

- Es decir: una "operación" dentro del sistema de pensamiento arroja resultados dentro de ese sistema.

- *Exacto, en el sistema real todo lo que hagas será real, en el sistema ilusorio todo lo que hagas será ilusorio.*

- Entonces ¿cómo fue que se originó el sistema ilusorio dentro del sistema real?

- *¡Aja! Que dijiste, ahora si te atrape ¿no? Pues no, porque esa pregunta la haces desde dentro del sistema ilusorio y no puede ser contestada dentro del sistema ilusorio porque su respuesta sería una ilusión. Simplemente no podemos ver la respuesta desde este sistema. Te doy un ejemplo. Imagina que vives en un mundo de dos dimensiones, largo y ancho. Es decir un plano. Si fueras un punto y quisieras desplazarte, solo podrías hacerlo en dos direcciones: ancho y largo y de esa forma dibujas líneas y con ellas puedes delimitar círculos, triángulos, cuadros. Es lo que llamaríamos en geometría las figuras planas. Ahora si yo fuera* otro punto y te digo que existe otra dimensión, la altura y que en ese mundo existen unos objetos de tres dimensiones llamados prisma, cubo y cilindro, no me lo creerías ¿verdad? No puedes imaginar cómo es porque solo ves dos dimensiones. Cualquier movimiento que hagamos solo producirá líneas y planos.

- ¿Entonces cualquier pregunta que yo te haga y no sepas la respuesta me vas a decir que no la veo porque estoy en otro planeta?

- Así es.

- Así cualquiera, ja, ja. Bien, cambiando un poco de tema, he pensado en lo que hablamos y tengo algunas preguntas, es que no puedo quedarme con las inquietudes, tú me entiendes ¿no?

- Más de lo que crees. Y dime cuál es la duda.

- Bueno si como dices, estamos en un sistema de pensamiento al parecer ilusorio e irreal, donde todo lo que hagamos es irreal, como podremos escapar, en caso de querer hacerlo, por supuesto.

- Pues fíjate que querer escapar es una ilusión.

- ¿Cómo así? Si esto es un sueño por supuesto que debemos esforzarnos por despertar ¿no?

- Una de las cosas más difíciles de captar de esta situación es que luchar contra el sistema es una de los propósitos mismos del sistema.

- No tiene lógica, ¿por qué va querer el sistema que estemos en su contra?

- Pues mira, dado que este sistema no es real, todo su esfuerzo, su propósito primordial y casi exclusivo es hacerse real, al menos parecer que lo es.

- Pero algo irreal no puede hacerse real.

- *Así es, entonces la forma más sucinta y soterrada para hacer que algo parezca real es luchar contra él.*

- *No entiendo.*

- *Si luchas contra él es porque en el fondo crees que es real.*

- Sigo sin captar tu idea. Dame un ejemplo.

- *Bien, déjame pensar... ¿Recuerdas a Don Quijote de la mancha?*

- Si.

- *¿Recuerdas que el luchaba contra unos molinos de viento creyendo que eran gigantes?*

- Si, imaginaba que eran reales.

- *¿Qué los hacía reales para él?*

- El creía que debía luchar contra ellos, esa era su misión, así que veía amenazas por doquier.

- *Sí. Si se hubiese detenido a contemplarlos de otra manera habría visto que solo eran indefensos molinos de viento. Luchar era su forma de ver, su forma de creer que eran reales.*

- Comienzo a entender, y en este caso, ¿cuáles serían en ese caso nuestros gigantes?

- *Los pensamientos que tenemos en nuestro sistema ilusorio y que conforman nuestro mundo. Todos ellos no son más que gigantes ilusorios y el sistema nos reta a vencer para que de esa manera parezcan reales.*

- ¡Claro! parecen reales para mí porque lucho y no al contrario.

- *Cuando admites que hay algo de lo que quieres escapar ese algo se convierte en real para ti, eso le da carácter de realidad a la ilusión. Al menos para ti.*

- ¿Y entonces?

- *Es una paradoja, lo que hay que hacer es no hacer nada.*

- ¿Cruzarme de brazos y que pase lo que ha de pasar?

- No. Cruzarse de brazos y esperar es hacer algo. No hacer nada es hacer algo.

- ¿Y entonces?

- Lo único que puede hacerse es ver las cosas de otra manera.

- Todo depende desde donde se mire.

- Si lo miras desde la realidad lo único que hay que hacer es cambiar la forma de ver.

- Pero visto desde el sistema ilusorio es deshacerse de todo lo que sea ilusión.

- Si, y eso parece un hacer pero realmente no lo es, porque no es real.

- Es decir que lo único que hay que cambiar es todo, ja, ja.

- Si, es una paradoja.

Una culebra que
muerde su cola

- Creo que he encontrado una falla en tu razonamiento.

- *Es posible, cual es.*

- Si no hacer nada es hacer algo entonces cualquier cosa que hagas o dejes de hacer es hacer algo por tanto no hay forma de esquivar un sistema de pensamiento.

- *Aparentemente sí. Tal vez el problema esté en las palabras. Las palabras son creaciones de este sistema de pensamiento por lo tanto son limitadas. Solo son símbolos de símbolos.*

- Lo siento es lo que tenemos así que ¡esfuérzate!

- *Si. Quizás sería más apropiado decir que la única forma de no dar realidad a un sistema ilusorio es "dejar de hacer lo que lo hace real", es decir, todo lo que hacemos no son más que obstáculos que nos impiden ver la realidad, son nubes que ocultan la luz.*

- O sea que debemos eliminar los obstáculos, dejar de hacer lo que hace al sistema real para nosotros.

- *Si, no es hacer algo sino dejar de hacer, lo que es diferente a no hacer nada. En verdad lo importante no es hacer algo o dejar de hacerlo sino el propósito con el que se hace o se deja de hacer. Cuando cambia el propósito, todo lo demás cambia,*

- Me parece que tiene relación con aquello que llamas "ver", ¿es correcto?

- *¡Si, excelente, tu forma de ver es la que hace el mundo que ves! Mira, una particularidad de los sistemas ilusorios es que dado que no son reales necesitan que se les sustente en cada instante pues de lo contrario colapsan. La manera de mantener un mundo ilusorio es hacer cosas ilusorias. Esto es todo. Lo que hacemos en este mundo es lo que hace que sea un mundo. Si dejamos de hacer cosas dejaría de ser.*

- Ya veo y ¿qué hay que dejar de hacer?

- *TODO. Ja, ja ahora si te atrape.*

- La verdad no sé por qué hablo contigo. Lo curioso es que parece que me gusta hablar de estas cosas aunque sé que voy a terminar más perdido que en el comienzo y no encuentro muchas personas que quieran hablar de estas cosas

- *Sí, es curioso, no hay escapatoria. La buena nueva es que todo lo que parece ser una desventaja puede ser visto como una ventaja, incluso estos encuentros aparentemente fortuitos.*

- ¿Cómo así?

- *Cuando se aprende a ver las cosas de otra manera, o lo que es lo mismo, dejar de hacer lo que siempre hacemos, empezamos a ver que todo son oportunidades para que podamos cambiar nuestra forma de ver.*

- Parece que siempre se llega a lo mismo míresele por donde se le mire.

- *Si, es como una culebra que muerde su cola.*

- Dame tiempo para poder asimilarlo. Antes déjame preguntarte algo sobre lo que dijiste hace un rato. Son tantas cosas que no sé por dónde empezar.

- *No importa, todo es lo mismo, todos los caminos conducen a Roma. Son muchos cabos y una sola madeja.*

- Sí, bueno, la cosa es que dijiste que las palabras son símbolos de símbolos, ¿qué es eso?

- *En este sistema de pensamiento, dado que no es real, es necesario darle significado.*

- *¿Por qué? ¿Acaso todo perdió su significado?*

- *Si, un sistema dual es un sistema separado, el mundo parece separado de nosotros y dado que no es nosotros dejamos de entender su significado,*

- Entonces debemos inventarle uno.

- *Y lo hacemos a través de las palabras, con el fin de poder compartir y unificar realidades. Las palabras representan la idea que tenemos de las cosas, son símbolos.*

- Es decir las palabras simbolizan un concepto, no son la cosa.

- *Si, ese es el primer nivel. El segundo es que los conceptos están hechos de palabras. Es un doble nivel de abstracción que nos separa doblemente de la realidad.*

- Digamos que entendí para no complicar más la cosa. Pero esto no se queda así

Pedacitos de "realidad"

- Estuve pensando lo del significado y es cierto; en el fondo todo lo que veo tiene significado porque yo mismo se lo he dado.

- *Si, cuando empezamos a darnos cuenta de este hecho estamos en la posibilidad de desprendernos de las miles de ataduras que tenemos al mundo a través de los conceptos y significados que damos a todo. Cada concepto es como un juicio que elaboro acerca de ese objeto, situación o persona. Cuando comprendo que en realidad no significan nada me libero, y doy vía libre a mi visión para ver algo que está más allá de esos conceptos, un nuevo sistema de pensamiento.*

- ¿Cómo así que un juicio?

- *Recuerda que decíamos que este era un sistema dualista de opuestos. Eso significa que hay dos posiciones al menos para cualquier cosa y hay que decidir a cuál pertenece. De allí las miles y miles de divisiones que hemos asignado a todo nuestro conocimiento del mundo. Cada una de ellas es un juicio. Cada pregunta que hacemos es un juicio, cada identificación de algún objeto o persona implica al menos un juicio cuya decisión genera un nuevo par de alternativas y nuevos juicios que se bifurcan y bifurcan como las ramas de un árbol. Sin embargo en el fondo de todo, en el tronco de ese árbol hay una decisión o un juicio matriz, el primero, el que da origen a todos los demás y por lo tanto es el origen de este sistema de pensamiento.*

- Es cierto, no lo había visto de esa manera. Si cada juicio se bifurca en otros y estos en otros, al comienzo debe haber uno. ¿Cuál ese juicio?

- *Es el juicio entre lo que es real y lo que es irreal. Cuando optamos por lo irreal creamos un mundo irreal, nos sumergimos en el mundo ilusorio irremediablemente. Y recuerda, es solo una ilusión ok?*

- ¿O sea que esa decisión en realidad no es real? Ya estoy hablado como tú, ja, ja.

- *Parece real vista desde el sistema irreal, y vista desde el sistema real, es irreal.*

- Con esa si me mataste.

- *Nuestra mente está regida por la creencia de veracidad de los pensamientos. Creemos que lo que pensamos es verdad. Damos un significado a algo y lo tomamos por cierto y con base en ello actuamos o elaboramos nuevos pensamientos; sin embargo es tan solo "mi" significado, es una parte de la realidad y por lo tanto no puede ser cierta ya que es parcial. La realidad no necesita de nuestros significados, ellos no pueden abarcarla, tan solo la distorsionan en nuestra mente y nos hacen ver algo que no es. Nos parece que vamos en un continuo progreso. Creemos que el hombre de las cavernas era más ignorante que nosotros pero esto no es cierto, pues seguimos siendo igual de ignorantes a pesar de toda la información adquirida, porque lo único que ha cambiado es el significado que damos a las cosas, cambiamos un significado por otro, una ilusión por otra, pero en el fondo siguen siendo lo mismo: pedacitos de "realidad", verdad distorsionada, es decir: falsa. Pero la realidad no se puede dividir, no se puede aprender, no se puede tener o no tener, todos esos son conceptos de nuestra mente dividida, producto de un mecanismo mental que parcializa tratando en vano de apropiarse de un conocimiento.*

- Aclárame algo: dices que la primera decisión es entre lo real y lo irreal y también dices que ahora estamos en un mundo ilusorio. Eso significa que hemos tomado la decisión por lo irreal. ¿Verdad?

- *Verdad.*

- Bien, significa también que todo lo que decidimos a partir de ese momento es irreal ya que está basado en una decisión irreal.

- *Verdad nuevamente.*

- Si estoy pensando cosas irreales en verdad no estoy pensando en nada

- *Verdad.*

- Entonces todo esto que estamos haciendo todos, todos los días ¿qué es?

- *Recuerda que el mundo en que estamos es ilusorio, no existe. Parece que existe porque lo sostenemos con nuestros pensamientos irreales, constantemente estamos juzgando, justificando su irrealidad para que parezca real, para que no se desvanezca en la nada. Son como los hilos de una marioneta. Un niño puede creer que la marioneta está viva porque no ve los hilos que la mueven y si los cortas la ilusión desaparece y la marioneta desfallece.*

- O sea que si dejamos de pensar ¿desfalleceremos también?

- *La marioneta nunca estuvo viva, era solo una ilusión. Esa ilusión muere. Mas el titiritero permanece.*

- Uf, vaya por un momento lograste realmente asustarme.

- *No te preocupes, somos inmortales.*

- Oh no, no acabas de soltar una y ya estas lanzando la otra. Tenía la ilusión de irme al trabajo aliviado, sin dudas, y ahora mira. Inmortales, ¡ja! Se te ocurre cada cosa. Mejor me voy, yo si tengo que trabajar para vivir, ja, ja.

- *No te preocupes, solo es otro cabo de la madeja...*

Un poquito embarazada

- *¿Cómo te fue con la última?*

- La verdad es que cuando me la lanzaste así a quema ropa la idea de la inmortalidad mi primera reacción fue la de negarla, pues existe evidencia que la niega a diario en todos los noticieros, luego a la luz de algunas cosas que hemos conversado vi que es coherente, ya que si aceptamos que Dios es perfecto y por supuesto también nosotros, la muerte no puede ser verdad. Un ser perfecto debe ser eterno ¿cierto?

- *Si, eso lo explica y como también te habrás dado cuenta no lo creemos ni un poquito ya que si resumimos en una palabra lo que caracteriza nuestra vida esta sería "miedo", todos tenemos miedo.*

- Ahora que lo dices si, sobre todo el miedo a morir. Parece que todo se resume a eso.

- *La muerte es el mayor miedo aunque no es el origen de todos los miedos. La muerte, como todos los aspectos de nuestra vida, es un reflejo de nuestros más profundos miedos. El miedo a que nuestro mundo desaparezca y nosotros con él es la fuente de los pensamientos ilusorios con que sostenemos el mundo en pie. Son la estructura que sostiene la ilusión.*

- Y como hacen para sostener una ilusión tan inmensa como supuestamente dices que es TODO nuestro mundo

- *Hay un elemento importante en el movimiento de la marioneta. Es el que trasmite los movimientos del titiritero a los hilos: la cruceta. En nuestro mundo este papel lo desempeña el artificio del tiempo.*

- ¿El tiempo? ¿Artificio?

- *El tiempo no es real y como consecuencia tampoco el espacio. Es una estrategia para hacer que este mundo se sostenga.*

- Noooooo!

- Siiiiii. Mira, los pensamientos que tenemos constantemente están juzgando. Lo hacen basados en el tiempo. Para hacer una comparación es necesario el tiempo y el espacio. Nuestros pensamientos ilusorios están basados en el pasado, en lo que recordamos, en la memoria y con base en estos juicios hacemos predicciones acerca del futuro. Si hubiera que definir al cerebro yo diría que es una máquina para hacer predicciones. Solo vemos el pasado tratando de predecir el futuro. El presente se pasa por alto

- Bueno, el presente es el único tiempo que es real

- El presente no es tiempo, el presente es ausencia de tiempo, es no tiempo y si, es real. Tiempo presente es un sofisma que consiste en disminuir al máximo el intervalo pasado-futuro al cual hemos denominado "ahora". Mucho se habla sobre vivir el ahora y generalmente solo hacen alusión a un pequeño intervalo de tiempo donde ocurren las cosas más inmediatas de nuestra vida; de igual manera es un intervalo de tiempo, es tiempo y no es real. Digamos que es una ilusión pequeña, como decir que una mujer pueda estar "un poquito embarazada".

- Entonces si mis pensamientos están en el pasado o en el futuro significa que realmente no estoy viendo nada

- Nada, y todos los juicios y las consecuencias que ellos acarrean que son nuestros actos están basados en nada por lo tanto son nada. ¿Por qué crees que el mundo es un caos?

- Y ¿cómo es que podemos vivir en un mundo así?

- Esa es la pregunta y por eso tenemos tanto miedo porque el mundo no tiene significado.

- Es una locura, ¿Cómo Dios hizo un mundo así?

- Dios no hizo este mundo, recuerda, son nuestros pensamientos los que imaginan un mundo así. Y no podría ser de otra forma ya que los pensamientos ilusorios están separados

de la realidad y se oponen a los pensamientos perfectos de Dios. Al querer oponerse ilusionan un mundo contrario a la perfección, es decir un mundo imperfecto, por eso tienen que atacar cualquier viso de perfección que amenace destruir su castillo de naipes.

- Entonces Dios no tiene velas en este entierro, es decir, no tiene idea de este mundo.

- *Ni la más mínima.*

- ! Uff, Hay que admitir que esta vez Dios se salvó por un pelo de ser de nuevo el culpable de todo, ja, ja.

Los problemas son un problema

- Tomemos otro cabo de la madeja que me llamó la atención ayer. Decías que los pensamientos conforman el mundo que vivimos. Yo me ponía a ver el mundo y es tan inmenso, tan complejo, que me parece imposible que hayamos podido crearlo con tal detalle y perfección. Si esto es cierto, nuestros pensamientos son muy poderosos ¿verdad?

- *Lo son, más de lo que imaginamos, aunque el mundo que vemos no es algo que está creado allá afuera por nuestros pensamientos y que vamos por él cómo de paseo por el bosque. Vamos a atar dos cabos sueltos de esta bola de lana para que veamos qué es lo que pasa. Si el tiempo no existe no hay forma de que exista un mundo ya creado en el futuro para que yo pueda ir allá y vivirlo, experimentarlo. De otro lado parece ser un hecho que vemos el mundo ¿verdad?, lo recorremos, lo experimentamos, entonces ¿cómo puede ser? La alternativa es que ese mundo está siendo inventado de instante en instante, en el presente. Al final es lo único que existe.*

- Y si yo estoy inventando ese mundo con mis pensamientos ¿por qué otras personas están viendo el mismo mundo que yo?

- *Porque tú y esas otras personas son uno solo.*

- ¿Qué? ¡Eso es imposible!

- *¿Imposible? Dime algo: en tus sueños hay muchos personajes ¿verdad? Interactúas con ellos, vives con ellos, nacen y mueren y todo allí es posible incluso aquello que en vigilia consideramos imposible, pues hasta vuelan ¿verdad? Y ¿quién es el único que está creando todo eso? Tú, todos esos personajes son tú. ¿Ahora qué es lo que te parece tan increíble?*

- Viéndolo así, creo que es posible lo que afirmas, somos uno solo ya que el soñador es uno.

- *Lo que sucede es que cuando vemos las cosas desde el sistema ilusorio los pensamientos nos resultan particulares y propios, pero vistos desde el sistema real los pensamientos son los mismos para todos. En la ilusión somos muchos, en la realidad uno solo.*

- Olvidaba que siempre hay dos formas de ver las cosas

- *Sí, siempre lo olvidamos, esa es la función del sistema ilusorio, poner obstáculos a la verdad, nublar nuestra vista, hacernos olvidar que hay otra forma de ver las cosas. De esa forma esto parece ser que es lo único que hay, que hay que lidiar con esto porque esto es la realidad, esto es todo*

- Las posibilidades son infinitas, en verdad estas ideas amenazan realmente nuestra forma de ver el mundo. Ya entiendo por qué el sistema se opone con tanta fuerza a que no veamos esto.

- *No te imaginas las cosas que hace para evitarlo y la manera tan sutil que nos engaña.*

- Me da igual, hoy no quiero hablar de nada. Solo quiero un momento de paz.

- *Es lo que todos queremos.*

- En cierta forma sí. Tal parece que este mundo todo es un problema tras otro.

- *Quizás el verdadero problema con los problemas es que son un problema.*

- Ya empezaste con tus cosas. ¿No podías simplemente decir si, si, si?

- *No.*

- Lo ves, lo que sea con tal de llevarme la contraria.

- *Bueno, tiene lógica ¿no?*

- ¿Llevarme la contraria?

- *No, la cuestión de los problemas.*

- Ya me vas a poner a pensar. Déjame ver. Imagino que lo que quieres decir es que si no viéramos los problemas como problemas no habría ningún problema.

- *Si realmente eso es lo que te quería decir. En verdad asumimos que son un problema. Es decir partimos de esta premisa que posiblemente es falsa. ¿Qué es para ti un problema?*

- Déjame ver, espera... creo que decimos que es un problema cuando ocurre algo que no está en armonía con lo que se supone que debe suceder o de la manera que quiero y me conviene que suceda.

- *Bien, dijiste "...de la manera que quiero y me conviene que suceda"*

- Si, en cierta forma es mi percepción la que hace que algo sea un problema para mí. Supongo que para otros mi situación puede no ser para nada un problema ¿verdad?

- *Tú lo has dicho. Cuando todo nos está saliendo bien, es decir, como pensamos que está bien, estamos felices ¿verdad? Pero eso no se queda así desafortunadamente. Ciertamente este mundo está siempre cambiando y te aseguro que esta situación también. De esa forma se garantiza que siempre habrá problemas de manera inevitable. Solo que hay un as bajo la manga. Lo que tú dices, los problemas son percepciones*

- Si, y eso encaja con aquello de que son los pensamientos los que crean mi visión y si veo problemas tengo problemas. ¿Verdad?

- *Verdad*

- ¡Pero esto no los soluciona!

- *No, solo los desparece, ja, ja*

- Bueno, eso estaría bien para mí, aunque seguramente no para mi jefe. Dices que si cambio mi visión ya no veré esto como un problema. Pero por ejemplo tengo hambre y no tengo dinero para comprar comida o estoy enfermo y no puedo pagar un médico. Pensar que es solo mi forma de ver no me traerá comida ni salud.

- *Posiblemente no, pero tiene una ventaja. Ya no será un problema, será una situación que debes resolver y eso cambia la perspectiva.*

- Para mí es lo mismo, sigo con hambre...

- *Cuando las situaciones se miran como problemas hay estrés porque genera miedo. Temo porque siento que soy vulnerable. En cierta forma un problema es la percepción de que algo me está atacando y debo reaccionar, solucionarlo de alguna manera. Esto está significando en el fondo, en el rincón oculto que nunca miramos, que aceptamos que algo puede dañarnos, es decir que no somos perfectos y que el mundo ilusorio es real. Cuando quitamos el componente miedo es posible ser más creativos y accionamos con amor, es decir no nos defendemos ni atacamos, es más fácil encontrar una solución y se la pasa mejor.*

- Parece fácil visto así, aunque sigo con hambre...

- *Tan fácil como renunciar a todos los pensamientos de ataque. Esa es la verdadera forma de escapar del sistema ilusorio*

- ¿Entonces se puede? ¡Creí que era un sin salida!

- *Claro que se puede, solo hay que encontrar la forma correcta, la única forma que existe, la que no puede fallar, y esa es...*

- Renunciar a esos pensamientos ilusorios.

- *Exacto. ¡Hoy estás brillante!*

- Lo sé, lo sé. ¿Y el hambre?

- *La forma más elegante de solucionar un problema, todos los problemas, es ver que no son problemas.*

- Si, la otra sería decir que tienes la razón para terminar con esta charla ja, ja. Sigo con hambre....

- *Te invito a almorzar.*

- Creí que nunca lo ibas a decir... a la final ¡funcionó!

Perfectamente imperfecta

- Antes de que nos zambullamos en tu mundo loco, quería preguntarte algo que me está intrigando.

- *Dime.*

- Las cosas de las que hablamos no son para nada los temas que comúnmente hablan dos desconocidos; por lo menos nunca me había encontrado a alguien que hablara tan poco o casi nada sobre su vida, su trabajo, sus problemas, en fin su historia.

- *Bueno, no has notado que en general todas las historias son similares, con algunos matices aquí y allá pero en el fondo es la misma cantinela.*

- Ahora que lo dices lo veo. Sé que me voy a arrepentir aunque tengo que preguntar, De dónde sacas tú esas cosas que dices, ¿dónde las aprendiste?

- *La verdad es que uno nunca aprende nada.*

- ¿Qué dices? ¿Para qué crees que sirven todas las escuelas, colegios y universidades?

- *Aprender significa atrapar, adquirir, en este caso adquirir conocimiento y realmente el conocimiento no puede adquirirse, solo puede descubrirse. Se puede adquirir datos e información más no conocimiento. El conocimiento, a diferencia de la información, no puede ser adquirido ni fabricado; es algo esencial y es por eso que pertenece a todos, no se puede tener más o menos conocimiento, no se puede transferir, enseñar, acumular, comprar, vender, ganar.*

- ¿Entonces qué es?

- *Pues bien, el conocimiento es algo inherente al ser, está allí en nuestra esencia aunque tenemos dos opciones, ser conscientes de ese conocimiento o simplemente verlo, interpretarlo. Nuestro sistema de pensamiento ilusorio interpreta y percibe a través de decisiones, de juicios. Esos juicios conforman una intrincada red de criterios que te muestran el mundo allí constituido y no te dejan ver la realidad tal cual es, sin interpretación.*

- No entendí nada.

- *Eres conocimiento, eso no lo puedes cambiar porque no puedes cambiar tu ser. Lo que sí puedes hacer es interpretar el conocimiento de mil maneras todas ellas ilusorias y crear un sin número de mundos ilusorios. De esa forma pierdes de vista el conocimiento y la realidad y solo ves tú interpretación.*

- Entonces la realidad deja de existir.

- *No, solo es temporalmente reemplazada por conceptos, juicios que tienen valor de verdadero o falso, bueno o malo aunque esto es solo una interpretación, es una construcción. Vemos el mundo a través de una construcción.*

- Si somos conocimiento porque tenemos que estudiar y aprender durante toda la vida.

- *Porque este mundo no es real, tenemos que crearlo continuamente y por eso no es estático, es dinámico, significa que siempre estamos en construcción. Cualquier cosa que aprendemos es una construcción nueva que se hace sobre la construcción antigua, un adicionado. La dificultad de aprendizaje está en la acomodación de lo antiguo con lo nuevo. El acople es siempre lo más difícil ya que generalmente hay que demoler algo y el sistema siempre se opone, sobre todo si se está construido con muchos refuerzos, si toca muchas otras áreas de la casa, en fin, por eso dicen que Dios hizo el mundo en 7 días, ¡porque empezó de cero!, ja, ja*

- En ese sentido uno nunca termina de aprender ¿verdad? La pregunta ¿Tú qué estudiaste? no tiene sentido porque si aún estás vivo significa que continuas construyendo ¿verdad?

- *Si, aunque con el paso del tiempo gastamos más en defender nuestra estructura que en modificarla. Casi todo lo* que construimos lo hacemos cuando niños. Cuando nos hacemos adultos esa construcción se convierte en un obstáculo.

- ¿Te refieres a esa idea del constructivismo en la educación?

- *Si, un constructivismo positivo que se convierte en contraproducente. Lo que llamamos "conocimiento" en el sistema ilusorio no es más que ocultar el verdadero conocimiento por medio de construcciones, de límites, de leyes, normas, paradigmas. Como construir una casa. En un principio existe un campo despejado, abierto y libre. Luego hacemos unos cimientos y sobre ellos hacemos paredes que limitan los espacios y un techo que cubre la luz y algunas pocas ventanas. Así mismo se construye el "conocimiento" por medio de cimientos, paredes y cubiertas. Lo que queda allí encerrado es limitado, inconexo, parcial. Así es todo lo que vemos en esta realidad. Hasta cierto sentido es práctico y necesario y puede ser usado para liberarse de la ilusión, más adelante se hace tan pesado y rígido que es una carga que cubre todo nuestro más mínimo recuerdo de quiénes somos en realidad.*

- Por eso hablas de descubrir.

- *Exacto, quitar los obstáculos de la visión, son paradigmas que nos ciegan y que limitan nuestra visión. Eso es descubrimiento, lo contrario a aprender.*

- El constructivismo se basa en la creencia de que existe un mundo allá afuera que podemos interpretar y basados en él construimos una percepción. ¿No es así?

- *Es al contrario. El mundo tiene su origen en la mente. Esta construye un mundo ilusorio para que nuestro cuerpo a través de los sentidos lo pueda percibir y a esta interpretación la llamamos aprendizaje.*

- Siempre pensé que era al contrario.

- No, primero se construye un mundo en la mente, recuerda que todo está en la mente y luego ella interpreta, lo aprende.

- No, no creo. Yo lo veo allá afuera, siempre ha estado allí, nos lo verifica la historia.

- No somos conscientes de nuestro constructivismo y por eso nos parece que el mundo ya estaba allí cuando llegamos al nacer y que seguirá estando después de nuestra muerte. También construimos un personaje que supuestamente entra y sale de ese mundo.

- ¿Y por qué no somos conscientes de eso?

- Porque nos identificamos con el personaje, nos parece que somos nosotros y esto nos hace olvidar que estamos fuera, que somos espectadores. Que somos un ser que construyó todo eso en la mente.

- Si eso fuera cierto podríamos modificar la realidad con solo desearlo.

- Efectivamente, creer en eso es la fe.

- ¿Por qué no lo hacemos? ¡Sería perfecto!

- La idea inicial de crear una realidad aparte es que no se parezca en nada a la real, es decir, que no sea perfecta y allí está, esa es nuestra creación: perfectamente imperfecta.

- Vaya que es una locura. ¿Cómo podríamos llegar a ser conscientes de esto?

- Deshaciendo la idea de que podemos crear una realidad alternativa e imperfecta ya que esto es algo sencillamente imposible.

- ¿Podríamos aprender a hacerlo?

- Modificar el aprendizaje no tiene mayor efecto real dado que la construcción previa permanece intacta, solo variamos su interpretación, solo estamos siguiendo las reglas del juego y esto es lo que hace que continúe. Para que podamos ser conscientes

de la realidad debemos derribar la construcción, salirnos del juego. La educación es parte de él y por eso es innecesaria para ver la realidad.

- La educación nos hace ver un mundo a todos similar, unifica nuestra forma de percibir, aunque ¿qué pasaría si cada quien pensara diferente, si tuviéramos cada uno un concepto diferente de las cosas? Creo que sería un caos.

- *La diferencia es que seriamos libres de cabalgar por la pradera sin caminos que nos digan por dónde ir y sin tener que siempre ir a donde van esos los caminos.*

- El mundo se acabaría.

- *Efectivamente y créeme que sería un alivio, un descanso. Crees que las cosas empeorarían porque imaginas esa libertad en un mundo como este y eso no es posible. La libertad es del ámbito del mundo real. Para que haya libertad tiene que acabar el mundo pues son conceptos incompatibles, como la luz y la oscuridad. La oscuridad como el mundo no es real, es ausencia de luz, igualmente el mundo solo es ausencia de libertad. No puedes tenerlas a ambas, y aunque no me lo has preguntado, puedo decirte que igual sucede con todo lo que es Real. El Amor real, la Paz real, la Verdad real. No pueden coexistir con el amor ilusorio, la paz ilusoria, la verdad ilusoria, ya que son como la materia y la antimateria.*

- Bueno, párala allí que te estás desviando y como siempre terminamos hablando de todo y de nada. A la final, ¿dónde aprendiste?

- *Ya te dije, no he aprendido nada. He derribado un muro aquí, otro allá, y cuando no se pudo, abrí algunas puertas y ventanas. Ocasionalmente me aventuro a salir del camino para ver a qué otros sitios puedo llegar.*

- Bueno, y ¿tú que estudiaste?

- Yo estudié para trabajar y triunfar en la vida, pero ahora trabajo en no triunfar.

- ¿Quieres fracasar, ser un perdedor?

- Ja, ja, bueno, pues si lo miras desde el punto de vista del sistema suena a locura ¿verdad?

- ¿Quién quiere ser un perdedor?

- Pues la idea aquí es aprender a ver las cosas de otra manera. Eso significa una manera diferente a como se ven las cosas en el sistema ilusorio; eso implica que no se sirve a los propósitos de este sistema. En ese sentido sí, quiero ser perdedor como tú lo llamas. "¿De qué le sirve a un hombre ganar el mundo entero y perder su alma?" Decía Jesús.

- Por lo visto la educación no hace la diferencia. No es estudiar, haber leído libros, asistido a cursos, seminarios, talleres o conocer personas "importantes" lo que nos hace realmente ser algo.

- La educación no nos hace ser, el conocimiento sí. No basta con tener la información. Creemos que si obtenemos toda la información referente a un tema obtenemos conocimiento. Siguiendo esta línea uno no podría pensar que porque conoce todas las palabras del diccionario puede ser el mejor escritor, o que porque tiene un martillo y un cincel tiene todo lo necesario para hacer una escultura.

- Entonces ¿para qué estudiar?

- La educación es generalmente una cuestión de adquisición de información, de construcción de modelos de pensamiento y por eso a veces la educación es un obstáculo. Recuerda que siempre estamos construyendo modelos en nuestra mente para interpretar. Es una de las características más propias del sistema ilusorio.

- Pero eso está bien.

- *En la medida que estos modelos se complejizan se hacen más rígidos, más difícil de cambiar y aceptar nuevas ideas. De manera que si te enfrascas demasiado con una idea y luego se te presenta otra que quizás sea más acertada, esta será fuertemente rechazada por el sistema. Los niños aprenden muy rápidamente porque sus modelos son simples y muy adaptables y poco a poco se van complejizando haciéndose rígidos, es decir adultos.*

- Esto explicaría por qué a medida que nos hacemos viejos nos hacemos también más necios, más tercos.

- *Sus modelos se han hecho muy estrictos. Una persona que no ha aprendido a hacer modelos flexibles terminará siendo terco y obstinado.*

- Estamos de acuerdo, el sistema educativo se centra principalmente en la formación de modelos, en aprender. Poco o nada se hace por desaprender o ser conscientes al menos de su existencia, ya que ello nos haría más flexibles y nos daría mayor capacidad de adaptación a los cambios y así poder modificar aquello que duramente aprendemos por la experiencia ¿no?

- *La experiencia en algunas ocasiones es más inhibidora que facilitadora.*

- Cierto, una persona puede tener muchos años de experiencia y estar cometiendo el mismo error todos esos años. Su creencia de que "es experto" no le deja ver que está equivocado.

- *Es común creer que si tienes más edad sabes más y esto no siempre es cierto ya que cada aprendizaje se da en un sistema perceptivo que se nutre y retroalimenta de experiencias muy particulares y esto la hace único.*

- Cada quien ve el mundo a su manera particular y uno no podría decir cuál es mejor que otro.

- *Si, el problema como tú dices no radica en la experiencia en si sino en la creencia de que porque se es experto ya lo sabe todo y no hay nada para aprender. De otro lado recuerda que no debemos confundir información con conocimiento.*

- Aunque a través del tiempo adquirimos mucha información que nos puede ser útil o no para desenvolvernos en ese mundo.

- *Esto no tiene nada que ver con el conocimiento, este no se adquiere, se descubre y muy posiblemente no sea útil al propósito del sistema, por ende no mejorará la calidad de vida en el sentido que él la entiende. En cambio experiencia es algo que se aprende, se adquiere y está relacionado con el nivel de los detalles porque en el fondo todos vemos lo mismo, es decir ilusiones, ya que todos estamos en un mismo sistema de pensamiento ilusorio. El conocimiento es lo único que puede "sacudirte" el sistema, despertarte.*

- No estoy muy seguro de que realmente sacuda algo, fíjate que he leído mucho y vivido muchas experiencias y creo que no me ha servido de nada, sigo aquí ¿verdad?

- *La experiencia puede serte útil o no dependiendo del propósito que tengas. La experiencia para mejorar tu mundo, tu vida, es útil para el sistema, para mantenerte dormido. Esa misma experiencia enfocada con el propósito de despertar es realmente útil, te ayuda a superarlo, te ayuda a ver.*

- Aunque la vivencia nos aporta experiencia y a mayor información mejores serán nuestras decisiones a futuro ¿no?

- *La cantidad de información no hace la diferencia. Ya sabes cuales son las únicas alternativas: real o ilusorio. Si la información que tienes puede ayudarte a ver eso entonces Eureka. Si no, debes seguir buscando hasta encontrar aquello que en algún momento sacuda tus creencias.*

- ¿Quién puede enseñarme lo que necesito saber?

- *Tu propia vivencia. Una piedrecita puede enseñarte lo mismo que un sabio en el Tíbet, siempre que estés dispuesto a ver.*

- Si, es lo que dicen los habitantes del desierto: "ojalá Yo-viera", ja, ja.

- *Muy chistoso y muy cierto, la visión es una confortante lluvia en el desierto que es esta ilusión.*

- Suena triste aunque motivador. Sigo con mi inquietud ¿Dónde puedo aprender, quién me puede enseñar?

- *Mira, aprender y enseñar son cosas que suceden en cada instante y en el mismo instante, no están separadas, están íntimamente relacionadas, no puedes aprender sin enseñar y no puedes enseñar sin aprender. Es quizás más claro en el segundo caso porque estamos acostumbrados a que vamos a un centro educativo a adquirir información que luego ponemos en práctica. Captar que lo importante lo podemos aprender en la vivencia y que alumno y maestro están en un mismo nivel atentan contra la estructura jerárquica de poder que maneja el sistema, aunque es un hecho que ambas suceden al mismo tiempo y no hay una que sea más o menos importante que la otra. Puede que lo parezca por un instante pero no es más que un rol temporal, cuando enseñas aprendes y cuando aprendes enseñas.*

Es verdad, y se ve claramente en la relación de adultos y niños en nuestros actos cotidianos, en la vivencia. Es increíble todo lo que ellos aprenden de nuestros actos, de nuestra forma de ser y vivir así como también lo es todo lo que ellos nos enseñan con su forma peculiar de ver.

Miedo al miedo

- Una pregunta. Si estamos como dices inmersos en este sistema, estamos también sujetos a sus leyes ¿verdad? ¿Podemos cambiar esto?

- *Si, aunque para ello es necesario aprender a ver de otra manera, eso significa que vemos cosas que antes no se veían y las que veíamos ya no se ven.*

- ¿Por qué no la vemos en principio?

- *Porque vemos a través de un modelo que es parcial es decir no incluye todo. Mira, por ejemplo se dice en algún momento que cierto alimento es dañino para la salud. Inmediatamente gran cantidad de la población deja de consumirlo por completo. Un tiempo después se dice lo contrario, que es beneficioso, entonces de nuevo una corriente arrastra en sentido contrario a la población a consumirlo en exceso.*

- Es cierto, parecemos marionetas del consumismo y como somos parte del sistema a veces no lo vemos, nos parece normal.

- *Has dado en el blanco. Eso es exactamente lo que nos sucede con el sistema ilusorio. Estamos interpretando el sistema con los modelos que tiene el mismo sistema. De ese modo solo vemos lo que el sistema nos permite ver y nos hace creer que estamos siendo objetivos, que podemos verlo todo y basarnos en ello para tomar nuestras decisiones.*

- Sí, solo podemos ver una pequeña parte. Lo peor es que confiamos ciegamente en nuestra interpretación, la damos por cierta y seriamos capaces de matar por defenderla.

- *Es una paradoja, la visión no nos deja ver. Por eso es que no vemos que somos felices.*

- ¿Cómo? Espera un momento creo que me perdí.

- *Ok, como decía Jack el destripador: "vamos por partes". ¿Cuál es nuestra estrategia para alcanzar la felicidad?*

- Evitar el sufrimiento.

- *Sí, a simple vista parece obvio, es lo que ves, es lo que todos vemos. ¿Qué es lo que no vemos?*

- No sé, no lo veo, ja, ja

- *¿Eres feliz?*

- No

- *¿Eres infeliz?*

- Si.

- *Ahí está. Ves infelicidad y no ves felicidad. Creemos que somos infelices y esa creencia no nos deja ver nada más. Lo que "no ves", es decir la felicidad, está detrás de lo que "si ves" o sea la infelicidad. Como no la vemos creemos que no existe y por tanto debemos crearla por nosotros mismos.*

- Pero no somos felices, es un hecho dado que sufrimos.

- *Y por lo tanto quieres eliminar el sufrimiento ¿verdad?*

- Sí, es lógico, es lo opuesto a la felicidad.

- *Bueno, si quieres eliminar el sufrimiento estas admitiendo que sufres y ahí está el asunto. Crees que sufres.*

- No solo lo creo, para mí es un hecho.

- *El hecho en verdad es que no puedes sufrir dado que eres perfecto. Lo que no es un hecho sino nuestra imaginación es que sufrimos, eso es lo que no vemos y de allí se deriva que queremos deshacernos del sufrimiento para así ser felices.*

- Pues como yo lo veo es muy simple: El problema es que no soy feliz y por tanto busco la felicidad.

- *El problema aquí no es la falta de felicidad como parece a simple vista, es la búsqueda, la búsqueda es la infelicidad, buscar la felicidad es lo que nos hace sentir infelices.*

- ¿Por qué es la búsqueda, si ella es una consecuencia, no la causa?

- *Porque tu mente ve las cosas al contrario. La causa es la búsqueda porque con ella asumes de entrada que eres infeliz y no lo eres. Si no buscas la felicidad la encontrarás. Esta aparecerá ante los ojos donde siempre estuvo y nunca la vimos.*

- No entiendo por qué no la veo si está allí. Yo veo el sufrimiento por ejemplo sin ningún problema y dado que lo veo trato de evitarlo.

- *Querer evitar el sufrimiento significa que sufres. Cuando aceptas que sufres has tomado inconscientemente la decisión de que puedes sufrir y has descartado que eres perfecto. Nuestra perfección es algo real, lo que significa que sufrir es una ilusión. Ahora, si el punto de partida es ilusorio todo lo demás que de allí se derive también lo será, incluida la búsqueda de la felicidad. ¿Lo ves?*

- No, yo solo veo infelicidad. Si fuera feliz por supuesto que no la buscaría.

- *La creencia de que no eres feliz, de que te hace falta, es lo que no te deja verla. Nuestra visión de infelicidad no nos deja ver nuestra felicidad. Mira, felicidad e infelicidad son dos caras de la misma moneda y no puedes ver las dos caras al mismo tiempo. Cuando ves una no ves la otra, son conceptos opuestos que solo tienen asidero en un mundo ilusorio, en donde si ves infelicidad no ves la felicidad.*

- ¿Significa que no existe la una sin la otra, como tampoco existiría la luz sin la oscuridad, o lo bello sin lo feo?

- *No, La infelicidad no existe, solo la felicidad es real. La ilusión de la infelicidad surge cuando se fabrica un mundo ilusorio donde hay opuestos para todo lo real como la luz o lo bello.*

- Aunque no puedes negar existen cosas en este mundo que nos hacen felices.

- *Esa felicidad es ilusoria, es decir pertenece al mundo ilusorio. Uno podría decir que dichas cosas que mencionas nos dan felicidad, y estar en lo cierto, siempre y cuando seamos claros en que dicha felicidad no es real. No es buena ni mala, solo es irreal. Creemos que es real y que llenará nuestro vacío. Ello nos impulsa en su búsqueda. Como ya te decía es como encontrar un tesoro en un sueño, no puedes hacer nada real con él, solo puedes soñar que te hace feliz.*

- Si es un sueño feliz ¿vale la pena no?

- *Depende a que llames felicidad, aunque la pena es estar dormido, creer en la carencia, la vulnerabilidad, la imperfección, el miedo. No creo que la valga.*

- Ya veo. En resumidas cuentas no es necesario crear felicidad, solo debemos dejar de crear infelicidad, o lo que es lo mismo, no es hacer, es deshacer.

- *Imposible decirlo mejor. Podríamos decir lo mismo con respecto al miedo.*

- Qué pasa con el miedo.

- *Suponemos que el miedo es real y hay que evitarlo. ¿Qué haces para no tener miedo?*

- Trato de estar protegido, estar seguro.

- *La seguridad crea el miedo.*

- Al contrario, es el miedo el que me hace buscar la seguridad.

- *Primero que el miedo está la creencia en la inseguridad. De ella surge el miedo porque lo hace posible, necesario, se asume que es real y que algo puede hacernos daño.*

- Yo veo que el miedo causa inseguridad.

- *Es un truco, es hacer que la causa se vea como el efecto y el efecto como causa. De esa manera nos enfocamos en el efecto creyendo que es la causa.*

- Similar al dilema del huevo o la gallina.

- *Si, la idea es que no se vea que la causa de todo es la creencia en la vulnerabilidad, de esta manera nunca la cuestionamos y permanece intacta. Actuamos sobre el miedo, queremos eliminarlo y esto lo único que hace es aumentar la creencia en la vulnerabilidad que produce miedo en un círculo infinito. Así funcionan las adicciones.*

- ¿Somos adictos al miedo?

- *Efectivamente.*

- Huy, eso si da miedo, ja, ja

- *Sí, nos da miedo del miedo.*

- A mí una de las cosas que más miedo me da es la muerte. Ahora mismo no me siento bien de salud y me hace pensar en ello.

- *Siempre que dices que mueres, incluso que sufres, que enfermas, que estas triste, desesperado, estás afirmando que eres vulnerable, es decir te "enfocas" en el sistema ilusorio donde es posible tener la ilusión de ser vulnerable.*

- Soy vulnerable a todo eso porque sé que voy a morir, sé que puedo enfermar, en cualquier momento puedo ser atacado. No puedo evitarlo.

- *Es cierto, no puedes evitarlo, no puedes hacer nada contra eso.*

- Es la ley de la vida, nada que hacer.

- *No, no es por eso.*

- ¿Por qué entonces?

- *Porque simplemente no es real. Si tratas de evitarlos, si te proteges, si te defiendes, si atacas, de esa forma solo estás afirmando tu creencia de que es real.*

- ¿No debo hacer nada? ¿Debo dejar que me hieran, que me violen o que me roben? ¿No debo ir al médico cuando enfermo?

- *Es un sueño, puedes hacer lo quieras en él pero siempre será parte del sueño. Creer que puedes hacer algo real en un sueño es lo que mantiene el efecto, la fantasía, la magia de que el sueño no es sueño sino realidad.*

- ¿Pero no es mejor protegerse?

- *No se trata de que es mejor, es solo que si haces cualquier cosa de esas estás confirmando que crees en tu vulnerabilidad y en general en todo el sistema ilusorio.*

- Porque creo es que estoy aquí ¿no?

- *Si y porque sientes que estás haciendo algo y ese algo parece tener efectos sobre la ilusión, entonces deja de parecer ilusión y ahora parece realidad para ti. Por supuesto que puedes hacer algo y al mismo tiempo ser consciente de que en el fondo es un sueño. Mejor dicho, lo que haces es "tener un mejor sueño", ¿entiendes?*

- Mmm, no estoy seguro de captar la idea...

- *Es tal la convicción que tenemos, estamos tan sumidos en el sueño que cualquier cosa que pretenda sacarnos de este es inmediatamente asumida como parte del sueño. Eso quiere decir que si te dicen que es un sueño, te da miedo despertar, si te dicen no hay que hacer nada te da miedo no hacer nada, ¿ves? El miedo siempre vuelve, ese es el círculo que nunca se abre y tener miedo es parte del sueño, es la esencia del sueño.*

- El miedo es un sentimiento, todos los animales lo sentimos, es parte de nuestro sistema de supervivencia, aunque no me había puesto a pensar qué es en verdad, si es algo opcional o si estaba o no relacionado con esto.

- *Tú lo has dicho. Es parte de nuestro sistema de supervivencia, es la defensa de nuestro sistema de ilusión, el miedo nos mantiene dentro del círculo. ¿Y dónde está el miedo?*

- ¿En la mente?

- *Si, es un pensamiento del sistema ilusorio. Y todo está relacionado.*

- ¿Todo?

- *Si, son sistemas, recuerda.*

- Si, es que ya me tienes más confundido que no sé ni quién soy.

- *Bueno, esa no me la puedes endosar, recuerda que por ahí empezamos.*

- Si, si, si TODO ESTÁ RELACIONADO, ¡Qué cosita!

Quién quiere estar enfermo

- *Cómo sigues.*

- Bien, creo.

- *¿Hay peligro de que te salves?*

- Si, y lo malo es que eso significa que tengo que seguir escuchándote, ja, ja.

- *Pues bien, como mi misión es molestarte, que tal esta: "tu enfermedad es una decisión"*

- No lo creo, Quién quiere estar enfermo.

- *Uno pensaría que nadie, pero en verdad todo aquel que se enferme lo hace porque quiere, no significa que disfrute la enfermedad sino que con ello obtiene algo que cree necesitar.*

- Claro que logra algo, fastidiarse; y si se descuida morir.

- *Si, aunque no lo creas fastidiarse y morir también son opciones, decisiones que tomamos.*

- No, esa sí que no. Hasta la enfermedad de pronto. Yo he deseado estar enfermo muchas veces cuando niño para no ir a la escuela, pero de allí a querer morirme, no creo.

- *Por eso te digo, aunque no lo creas. Es un pensamiento.*

- Cuando dices que todo está en la mente, imagino que te refieres a que esto también lo está. Fíjate que si he leído algo sobre eso.

- *Seguro te refieres al "poder curativo de la mente", está de moda, y todos quieren saber sobre ello; se escriben libros, se dictan conferencias, estamos ávidos de información. La neurociencia trata de dar explicaciones científicas.*

- Sí, he leído que personas que se han curado milagrosamente de enfermedades terminales como cáncer. Los médicos aún no se explican como sucede, tal vez un efecto placebo, aunque si esto es cierto, lo contrario también lo seria. ¿Es verdad que la mente puede enfermar y curar el cuerpo?

- *Enferma a causa del estrés. Todo el tiempo nos asaltan pensamientos que nos hacen sufrir. El sufrimiento es un concepto que abarca un conjunto de sentimientos como la preocupación, la ansiedad, el miedo, angustia, depresión y todo aquello que de alguna nos hace sentir mal y queremos que sea diferente. A veces no lo notamos, está ahí, como música de fondo. Dice la ciencia que estas preocupaciones soterradas son causa de muchas enfermedades y así asocian, de manera relativamente acertada, lo mental con lo físico.*

- Por qué dices que relativamente acertada.

- *Porque la relación cuerpo-mente va mucho más allá de lo que imaginamos. La mente puede crear falsamente como cuando fabrica un cuerpo y construye sobre él las enfermedades. El cuerpo en si no está enfermo, es la mente la que está errada. No se puede corregir al cuerpo porque es como intentar curar a un herido de una película de cine, es solo una proyección. La ciencia intuye una relación entre el cuerpo y la mente pero la atribuye a un fenómeno causal, es decir la mente es causa de enfermedad en el cuerpo y en esta misma línea de pensamiento trata con la misma mente curar el cuerpo. No se puede negar que esto puede suceder porque sería desconocer el poder creativo de la mente y aunque puede parecer de esta manera, en el fondo lo que cambia es la mente, en un momento proyecta un cuerpo enfermo y en otro un cuerpo saludable. Ambas son ilusiones.*

- Pero si es la mente la que está enferma ¿por qué vemos la enfermedad en el cuerpo?

- *El error está en la mente al proyectar una ilusión y es allí donde se debe y se puede corregir. Al igual que proyecta un cuerpo enfermo puede proyectar un cuerpo sano. Cuando se corrige el error desaparece el cuerpo y por ende la enfermedad.*

- ¿Y por qué no lo vemos así?

- *Porque nos identificamos con el cuerpo y nos parece que si este desaparece desapareceremos nosotros también. Nos resulta más fácil aceptar que la mente puede deshacer la ilusión de la enfermedad antes que aceptar que el cuerpo es la ilusión.*

- ¿Pero lo puede enfermar o sanar?

- *La ciencia cree que la mente tiene el poder para sanar el cuerpo y lo ven como un medio, una herramienta poderosa para alcanzar la salud y en muchos casos prevenir la enfermedad, aunque la mente no es un instrumento de sanación. En realidad la mente no sana el cuerpo ni tampoco lo enferma. La mente, cuando piensa equivocadamente, puede reflejar un cuerpo y una enfermedad en él. El cuerpo y la enfermedad no son más que reflejos de una mente errada, por tanto no hay que intentar sanar el cuerpo sino sanar la mente, corregir el pensamiento.*

- Ya veo, o sea que cuando nos enfocamos en el cuerpo hacemos más real la ilusión ¿verdad?

- *Si, el error de la mente es creer primero que existe un cuerpo y segundo que somos ese cuerpo, identificarse con él. La mente errada crea un cuerpo a manera de medio para experimentar una ilusión que de otro modo no podría lograr. El cuerpo no es causa, y esa es la razón por la que Tú no estás enfermo. El cuerpo es efecto, es la mente la que lo crea y le da su propósito. El cuerpo es su instrumento para hacer real lo irreal.*

Míralo de esta forma: El cuerpo es un instrumento por medio del cual manifestamos pensamientos de la misma manera que un auto nos sirve para trasportarnos. El cuerpo sirve para crear la ilusión de que estamos separados del todo, creer que estamos en un sistema ilusorio que puede reemplazar la realidad. Entonces nos identificamos con él, le hacemos parecer enfermo y decimos "estoy enfermo". A veces pasa lo mismo cuando tu carro falla, decimos "me varé" o "me quedé sin gasolina" ¿ves? Tú no te quedaste sin gasolina, el carro sí. Es similar. Sucede lo mismo con otros estados como la felicidad, el miedo, el amor, etc.

- ¿Y por qué queremos parecer enfermos? No es algo agradable.

- Ya *Estamos de vuelta al sistema ¿verdad? Es muy difícil mantenerse por fuera. Bueno, digamos entonces que no es agradable y a simple vista parece ilógico querer hacerlo, pero esto sucede a un nivel del cual ni siquiera sospechas que pueda existir y sin embargo es desde allí desde donde surgen todos tus impulsos: El inconsciente. Es una decisión que tomaste porque te sirve para algún propósito del sistema. El que no veamos la razón no significa que no la tenga.*

- ¿Es decir que no me doy cuenta de que yo mismo me causo la enfermedad?

- *Hay que ser cuidadosos aquí y tener siempre muy claro cuál es el "yo" a que nos estamos refiriendo. Recuerda que inventamos un yo, con minúsculas que es el personaje del sueño. Ese es el que cree estar enfermo. El Yo real nunca se enferma. Puedes soñar que estás enfermo pero cuando despiertas ves que en verdad nunca lo estuviste.*

Podría decirse que no te das cuenta porque sucede a un nivel que no eres consciente. Este nivel pertenece sin embargo al sistema ilusorio. Este mecanismo oculto tiene propósitos que no ves porque no es peligroso para el sistema que los veas. Te enfermas por ejemplo para llamar la atención, para evadir algo que te causa dolor o para manipular a las personas haciéndolas sentir culpables. En el fondo de todo siempre hay un deseo de liberarse de la culpa y el temor que nos causa el creer que nos hemos separado de la realidad y que de alguna u otra manera la vamos a pagar. La enfermedad es una forma de decir: voy a pagar este error con mi enfermedad.

- Si, pero el problema es ¿cómo me curo?

- *Mientras el propósito se centre en el cuerpo, es decir mientras nos identifiquemos con él, estaremos tratando de sanarlo con el propósito de sanarnos a nosotros. Nosotros no necesitamos sanarnos porque no somos cuerpo y no podemos enfermar. El cuerpo en verdad puede enfermar pero el cuerpo es una ilusión y la enfermedad una ilusión de esa ilusión.*

- Dado que creemos que estamos aquí. ¿La enfermedad es entonces inevitable?

- *La enfermedad viene con el paquete. Ahora, dado que nunca podemos separarnos de la realidad, esto nunca sucedió, por tanto no debemos tener culpa ni miedo de castigo. La enfermedad deja de ser necesaria. Esto podemos verlo estando en el sistema y verlo significa que la mente ha sanado y la enfermedad del cuerpo desaparece. Como dicen vulgarmente: muerto el perro se acaba la sarna.*

- Dile a un enfermo que no está enfermo a ver qué te dice.

- *Si el paciente no está en su mente correcta, es decir no es consciente de su realidad, no podrá por el momento ver las cosas de otra manera y sería tonto fastidiarlo o aumentar su miedo que ahora está a flor de piel y provocar las defensas del sistema que se encuentran en su máxima alerta. Eso en resumen le hará más mal que bien.*

- ¿Qué se puede hacer entonces?

- *El ser real puede ver esto desde su perspectiva como lo que es: un sueño; pero el ser ilusorio no lo ve así y puede soñar que enferma y también que sana. Pero continuará así enfermando, sanando, naciendo, muriendo, gozando, sufriendo, hasta que corrija su mente que sueña y despierte.*

- ¿Y cómo podría despertar?

- Despertar no es fácil. Por lo pronto puede hacer modificaciones en su pensamiento que lo encaminen correctamente, puede corregir sus pensamientos cotidianos habituales que lo aferran al sueño y cambiarlos por pensamientos más afines a la realidad, es decir que poco a poco va cambiando su forma de ver a medida que sus pensamientos sean más compatibles con el sistema real. Ser consciente de su realidad la mayor cantidad de veces posible, verse como es y no como imagina, tratar una y otra vez de ver las cosas de otra forma. Así el despertar será suave y amoroso y no habrá miedo que lo pueda hacer retroceder

- Mmmm, no sé, no lo veo muy claro. A ver, por ejemplo ¿cómo sería un pensamiento más afín a la realidad?

- Cuando en cualquier situación, no importa que sea de enojo o de satisfacción, tratas de ver el trasfondo y ves cómo te sientes afectado por esos pensamientos.

- Entiendo, si reconozco los pensamientos que me afectan puedo modificarlos ¿verdad?

- No, no vayas tras los pensamientos, ni de las personas o las cosas creyendo que son la causa, ese es el error, de esa manera te pierdes. Ve tras la creencia. La creencia de que puedes ser afectado es lo que está detrás de todo.

- Vaya ... ¿Y qué hago entonces?

- Mira los pensamientos solamente, observa como el sistema reacciona y procura no decirle "yo" a esa reacción, eso es observar, es separarse, no identificarse con eso. Una vez separado se ve con claridad que no puedes ser afectado porque recuerdas que no eres el sistema. Él se afecta y reacciona, no tú.

- Sí, lo difícil es acordarse de acordarse, ja, ja

- Tú lo has dicho.

Lo que creo es lo que creo

- ¿Sabes algo?, es muy curioso, todo esto es tan nuevo para mí que me cuesta trabajo asimilarlo, es como si no hubiera asidero donde estar seguro. Por un momento parece que asciendes pero al menor descuido resbalas hasta el fondo y estás como al principio, o incluso más bajo.

- *Eso sucede porque le hemos dado al mundo todo el significado que tiene. Y ¿de dónde sacamos todo esos significados? Los aprendimos. Y ¿en dónde los aprendimos? En el mundo. Así que esos conceptos y significados generalmente provienen del mundo y son para funcionar en el mundo. Estos nuevos significados pocas veces tienen alguna conexión directa con tus significados, digamos que no enganchan, son como piezas de otro rompecabezas.*

- Pero estamos aquí ¿qué más podemos hacer?

- *Creemos que estamos aquí, así que la mejor manera es crear una nueva red de conceptos. Esto es lo que nos hace parecer que es difícil y que toma tiempo. Es el camino largo pero es lo que podemos hacer con lo que tenemos. Es cierto que al comienzo no hay de dónde aferrarse y todo parece absurdo, nada empata con lo que ya sabes. ¿Recuerdas el constructivismo verdad? Estamos construyendo desde cero, no hay nada en este mundo que sirva en realidad, al menos no con la estructura que tiene actualmente. Para que algo de este mundo pueda llegar a servirnos debemos despegarlo, arrancarlo de esa red y acomodarlo de la manera conveniente a la nueva estructura.*

Con el tiempo estos nuevos conceptos tendrán donde acoplarse y será más fácil.

- Es posible, no estoy muy seguro. Me gustaría revisar a manera de resumen lo que dijimos sobre la enfermedad si no es problema.

- No es problema. Todos los conceptos deben ser revisados una y otra vez desde diferentes perspectivas. Esa es la manera de construir un una nueva visión. Esta nueva visión solo nos servirá de andamio para elevarnos y ver por nosotros mismos la realidad, sin construcciones. Son como muletas que nos ayudan a dar los primeros pasos, pero que luego debemos abandonar. Habrás notado que de una u otra manera se vuelve a lo mismo por diferente camino, ¿Verdad? Es la forma de hacerlo ya que no es el conocimiento tradicional y lineal que estamos acostumbrados a adquirir normalmente.

- Y entonces....

- Resumiendo pues el tema anterior, el cuerpo es una proyección, bien sea un cuerpo sano o un cuerpo enfermo. Todo cuerpo y cualquier enfermedad en él son proyecciones de algún conflicto en la mente. Una manera de deshacerte de este conflicto es proyectarlo.

- O sea que Una mente sana no proyecta cuerpos, no proyecta enfermedad, no proyecta nada material.

- Si. La dificultad está en que vemos la enfermedad como un problema en el cuerpo y no vemos que el cuerpo de por sí es una proyección de la mente. Eso desvía nuestra atención y nuestros esfuerzos hacia el lugar equivocado, es decir hacia el cuerpo y no a la mente que es la causa.

- Qué pasa cuando sanamos.

- Toda sanación proviene de la mente al igual que toda enfermedad. Se puede sanar el cuerpo corrigiendo la mente pero lo fundamental es sanar la mente del error del cuerpo.

- Si solo sanamos la enfermedad en el cuerpo, el problema continuará en la mente y se proyectará de nuevo.

- Se puede corregir un problema específico en el cuerpo ubicando su correspondiente en la mente y se está proyectando

como enfermedad en el cuerpo; por ejemplo si alguien tiene problemas en los ojos, su error a nivel de la mente está relacionado con su visión, es decir, con su forma de ver las cosas. Puede cambiar o mejorar su forma de ver y esto redundará en una mejora de su visión física.

- Entonces soluciona el problema

- *Parcialmente, pues es muy probable que otro problema a nivel de la mente sea proyectado al cuerpo posteriormente ya que la creencia en el cuerpo continúa. Hasta que no se corrija el problema sobre la ilusión del cuerpo la mente podrá proyectar nuevas enfermedades.*

- El problema entonces en definitiva no es la enfermedad.

- *Exacto, el problema es creer que la enfermedad puede hacernos daño. Mientras siga la creencia en tu mente de que hay algo que puede hacerte daño la enfermedad, la rabia, el miedo, el ataque volverán a manifestarse porque lo que tú crees es lo que creas.*

- Lo que creo es lo que creo, ja, ja

- *La enfermedad es solo una consecuencia del error y el error es la ilusión del mundo, la ilusión del cuerpo y la identificación con este. Ahora, la buena noticia es que el cuerpo como cualquier otra proyección puede ser usado para superar el sistema ilusorio, esto es cuando se usa como un medio y no como un fin, pero ese es otro asunto del cual hablaremos luego.*

- Bueno, me queda una duda. Las medicinas funcionan sin importar lo que pienses, ¿qué pasa allí?

- *La creencia consciente o inconsciente de que algo te va a sanar logra que efectivamente te sanes. No es el medicamento en si el que te sana sino tu mente que ha cambiado. La creencia en la curación que se produce con la medicina o la intervención médica, elimina temporalmente el miedo subyacente que produce la enfermedad. Sin miedo no hay proyección, sin proyección no hay enfermedad, es más, ¡no hay mundo!*

- ¿Y los milagros?

- *¿Te refieres a las curas milagrosas?*

- Si.

- *En verdad no hay nada ni nadie que pueda curarte, ni los santos, ni los ángeles, ni Dios, los médicos, o la ciencia que a veces se consideran por encima de todos ellos. ¿Sabes por qué?*

- Me lo imagino, no hay nada que curar...

- *Exactamente, no puedes curar una enfermedad que no existe en un cuerpo que no existe en un mundo que no existe. Eso no significa que no debemos acudir al médico, o pedir a Dios, a los ángeles o a quien sea por ayuda. Ellos no curan el cuerpo, ellos te ayudan a ver con claridad que la enfermedad no es real, en el peor de los casos hacen tu ilusión más llevable, más soportable.*

- Me da la impresión de que estamos como al principio

- *Sí y no. No es fácil romper los escudos protectores del sistema. Las palabras golpean contra él y la mayoría de las veces los impactos son absorbidos sin causar mayor efecto, como un chaleco antibalas.*

- Entonces para que hablar de todo esto si no sirve para nada

- *Aparentemente no sirve, pero cada impacto va debilitando un poco la barrera. Un ataque frontal sería contraproducente ya que alertaría al sistema y este reforzaría sus defensas. Estas palabras no son en verdad ataques, simplemente van disolviendo esta barrera, esta burbuja protectora que no deja ver la realidad.*

- Ya veo, si fuera tan simple como hablar de eso, o escucharlo, o leerlo, o como tú dices estudiarlo, ya hace tiempo que lo habríamos hecho, ¿verdad?

- *Verdad, hay que vivirlo, hay que practicar lo aprendido. Hablar de ello es como sembrar, esparces la semilla y algunas caerán en terreno fértil y otras no, es decir que para alguien puede significar nada, pero para otro, todo.*

La realidad es a prueba de fallos

- Las cosas que conversamos me quedan dando vueltas. A veces encuentro argumentos para refutarte y eso me anima a volver.

- *Para que vayas viendo cómo es el sistema ilusorio, aunque todo es susceptible de usarse para bien.*

- Si, es bueno dudar. Ahora mismo estoy en una encrucijada. Con respecto al tema de la vulnerabilidad, al fin ¿qué debo hacer?

- *Recuerda que no somos víctimas del mundo que vemos, es solo una forma de ver ilusoria. No podemos cambiar la realidad de que somos perfectos y eso es una buena noticia ¿no crees?*

- Si, la Realidad es a prueba de fallos.

- *Vaya que lo es, ¿y sabes por qué? Pues porque es perfecta. Y no es que no lo hayamos intentado, al contrario, su creatividad es infinita. Y ya sabes lo que dicen: ¡para la bobada no hay nada!*

Aunque el error es de dimensiones abismales, no deja de ser un simple error de visión y por fortuna existe otra forma de ver el mundo. Basta reconocer que se está equivocado para que todo se disuelva en la nada de donde vino.

- Significa que sea cual sea la circunstancia en que me encuentre ¿puedo ver esa situación de otro modo?

- Si, *hemos inventado los juicios que conforman esta realidad y por eso podemos revocarlos. No podemos revocar los pensamientos que pensamos con Dios porque estos son reales, definitivos, inmutables. En una palabra: son perfectos. En cambio nuestras ilusiones sí las podemos revocar, ya que son irreales, temporales, imperfectas. Basta que estemos decididos a ver de otra manera, no hay palabras para describir lo que se puede encontrar más allá, porque esos son los dominios de la Realidad.*

- ¿Parece fácil no?

- *Es tan fácil que pareciera que no es una forma válida de hacerlo. Nuestro sistema de pensamiento solo ve soluciones complejas, desecha lo simple, lo evidente, porque allí está la verdad. ¿Qué puede haber más simple que EL TODO?*

- ¿La mitad del TODO?

- *Ja, ja, en verdad no puedes partir el infinito porque esa mitad también sería infinita.*

- Era una broma, no te compliques.

- *Esta vez si te llevaste el punto.*

- Hasta que por fin veo una. Aunque pensándolo bien creo me atrapaste de nuevo, no puedo evitarlo: ¿Por qué la mitad del infinito es infinita?

- *No podemos dividir el todo. La infinitud es un atributo de la perfección de Dios, y si pudiéramos dividirlo dejaría de serlo pues habrían al menos dos partes.*

- Ya veo, por supuesto ambas finitas.

- *Si, esa fue la ilusión que imaginó este mundo de dualidades, la creencia de que podíamos separarnos del todo y por tanto dividirlo. A partir de allí surgen todas las demás divisiones.*

- Eso sería contravenir la creación de Dios, si tal cosa fuera posible.

- *Tú lo has dicho.*

Una paradoja de una paradoja

- Veo que crees mucho en Dios.

- *No.*

- ¿Qué? Pero si siempre estás hablando de él.

- *Si, hablo de él pero no creo en él. Dios no es algo en lo que uno cree sino algo que uno es.*

- Eso significa que si Dios no existe yo no existo.

- *Sí, porque allí está implícito que fuimos creados por Dios y no al contrario.*

- ¿Es obvio no?

- *Si, y aunque no lo creas nuestro sistema ilusorio está basado en la premisa contraria, que nosotros creamos a Dios y también nos creamos a nosotros mismos.*

- Suena a locura.

- *Y lo es, así es como funciona la cosa aquí.*

- Yo no me siento superior a Dios y mucho menos que yo lo haya creado a Él.

- *Fíjate que eso dices con tus palabras y en tus pensamientos crees que has podido cambiar la realidad de Dios, crees que has podido hacer que lo perfecto sea imperfecto. De esta forma "creas" un dios propio, a tu amaño, es decir le atribuyes características propias de un ser imperfecto como la ira, la venganza, el juicio y el castigo. Eso no significa otra cosa que estás por encima de Dios, pues puedes "mejorarlo" a Él y a su creación ¿no?*

- Viéndolo así sí.

- *Tú has dicho la palabra mágica: "viéndolo". Es en realidad una forma de ver ¿no?*

- Si, y ahora me dirás que no hay problema puesto que puedo cambiar mi forma de ver.

- *Sí. Dios siempre está en nuestra mente y eso es algo que no podemos cambiar, pero las ilusiones dementes de miedo e imperfección sí las podemos cambiar.*

- ¿Y cómo puedo hacerlo? Lo que dices es cierto para mí, tiene lógica, aun así continuamos siendo los mismos.

- *Es un hábito. Dicen que un clavo saca otro clavo así que otro hábito puede ayudar, es decir pensar en todo momento con la mente de Dios. Un hábito se forma con la repetición continuada, en este caso significa hacer una especie de "clic" en nuestra mente cada vez que sintamos que la paz se ha perdido. Este "clic" es el recordatorio de que debemos cambiar nuestra forma de pensar, que podemos ver las cosas de otra manera. Es simple más no fácil. Es como un vicio. Dejar el vicio es simple, solo hay que dejar de consumirlo, y eso no es fácil. ¿Has intentado alguna vez dejar de un hábito?*

- Sí, y no lo he logrado.

- *¿Por qué?*

- Créeme que he pensado en eso, es algo sistemático, es decir no es una cosa ahí simplemente que quitas o pones, no es algo que surge de un día para otro, es algo que crece lentamente sin darnos cuenta.

- *Si, Es un sistema que poco a poco va haciendo relaciones con cada aspecto de tu vida hasta que un día te das cuenta de que está en todo, no puedes simplemente erradicarlo porque arrastra todo, como cuando tiras del hilo de una telaraña esta se resiste muy bien porque su fuerza no está solo en ese hilo sino que ese hilo está conectado a otros hilos y estos a otros conformando una red.*

-¿Como un sistema?

- *Es algo sistemático que crece día a día, empiezas a depender de él para todo y por eso para poder erradicarlo debes trabajar en muchos aspectos de tu vida al mismo tiempo, es decir todos aquellos en los que está involucrado.*

- Así genera dependencia.

- *Si, funcionas gracias a que este te da los elementos para hacerlo: te da ánimo, te quita el miedo, la vergüenza, etc. y no puedes dejar algo que te está sosteniendo ¿verdad?*

- No, se hace necesario.

- *Simplemente no puedes dejarlo. Lo único que puedes hacer es dejarte caer hasta el fondo para poder empezar a levantarte de nuevo ahora por tus propios medios.*

- ¿Y cómo es que algunas personas lo logran?

- *Es posible hacerlo antes de que la telaraña esté muy avanzada aunque lo difícil es saber cuándo, saber cuál es el límite en que no hay retorno y no cruzarlo. Cada vez se hace más y más difícil. Otros lo hacen cuando se derrumban por completo y empiezan de nuevo. Generalmente nunca se recuperan y siempre cargan el temor de comenzar de nuevo. La simiente está ahí.*

- ¿Cuál es la simiente?

- *La forma de ver. Mientras no cambie su forma de ver siempre habrá una lucha entre el bien y el mal. La lucha es también un hábito.*

- Si, parece que no podemos dejarlo. ¿Por qué?

- *El origen de todo siempre es una forma de ver. La verdadera dificultad radica en que para cambiar nuestra forma de ver solo disponemos de nuestra forma de ver, es como si tuviéramos grasa para lavar en vez de jabón. Lo curioso es que la base de muchos jabones es grasa ¿sabías?*

- No, eso quiere decir que si solo tengo grasa ¿puedo limpiar algo con ella?

- *Sí, pero solo si sabes cómo hacer jabón con ella.*

- Qué bien, y ¿cómo podría con mi sistema de ver, ver las cosas de otra manera?

- Con Fe. *La definición clásica de la fe es creer en algo que no podemos ver, fe ciega. Esta no es la fe de que te hablo, o quizás sí, si asumimos el término ver como "forma de ver", es decir creer que hay "otra forma de ver". Esa es la fe a que me refiero. No es la esperanza de que al final todo vaya a salir bien porque fuimos pacientes y resignados, y que en recompensa el mundo será bueno con nosotros, no, es la convicción de que hay algo más allá de este mundo, que esto es solo una ilusión.*

- Pero hay que ser positivos y tener fe en que todo va a cambiar, sino seriamos personas pesimistas.

- *La cuestión con la fe es que creemos que nos falta fe y deberíamos tener más y esto no es cierto; al contrario, tenemos mucha fe. Lo relevante aquí no es la intensidad de la fe sino en donde se deposita. Tenemos mucha fe pero mal enfocada, tenemos nuestra fe puesta en el mundo ilusorio y por eso es que nos parece real. Si le quitáramos esa fe este desaparecería.*

- Bueno y cómo eso me puede ayudar la fe a superar una adicción.

- *Porque enfocas tu fe en lo que es real y dejas de valorar lo que no lo es y de esa forma dejas de luchar contra ella.*

- Pero si quiero superarlo debo luchar

- *la única forma de superarlo es cuando en verdad ves que no hay que luchar contra ella, porque ves que toda lucha solo la perpetúa, le asigna una aparente realidad y un aparente poder de hacer daño. De otra forma, con la lucha en el mejor de los casos logras un control sobre la fiera, la confinas a un rincón a fuerza de látigo y sufrimiento sabes que está allí, contenida.*

- Como la basura que a diario generamos, pensamos que porque día tras día llega un camión recolector y se la lleva o se va silenciosamente por un retrete, entonces no está pasando nada, que somos limpios y aseados.

- *Exacto, esa basura no desaparece, está allá, lejos de la ciudad, acumulándose, contaminando el aire, la tierra, el agua, aunque poco o nada sirve decírselo a un adicto simplemente porque no lo ve.*

- Cuando se está dejando una adicción lo más difícil está en el comienzo.

- *Cuando queremos cambiar algo en un sistema, hay que tener en cuenta que ese algo está conectado con muchas cosas y la suma de todas ellas configura una fuerza tremendamente difícil de romper de golpe. Cuando quieres cambiar tu forma de ver sucede lo mismo, la inercia sistémica es tremenda porque todo tu ser se opone a ello y créeme que tiene estrategias sumamente efectivas y sigilosas de las cuales difícilmente te percatas. Esa es la dificultad inicial para cambiar la mente ilusoria. Cuando debes dejar un vicio tu primer argumento es que no quieres. En la medida que lo intentas y vuelves una y otra vez empiezas a argumentar que no puedes y lo más seguro es que desistas. No puedes porque en tu mente se ha instaurado la creencia de que no puedes. Igual sucede cuando intentas dejar el sistema ilusorio. Inicialmente crees que puedes, estudias, lees, vas a conferencias, cursos, talleres, sigues a gurúes, maestros, sabios, lo que sea para cambiar aunque con el tiempo empiezas a creer que en verdad no puedes. Este es un punto en verdad crucial del proceso si se sabe atrapar la oportunidad. Una de las estrategias del sistema ilusorio para evitar que realmente cambiemos se llama "esperanza".*

- ¿Esperanza? La esperanza es buena, uno nunca debe perder la esperanza porque de otro modo estaría perdido.

- *Has descrito perfectamente la estrategia. El sistema no quiere que pierdas la esperanza porque la esperanza está puesta en algo dentro del sistema, nunca afuera. Solo cuando pierdes* la esperanza es que empiezas a mirar afuera, es decir surge la alternativa de ver las cosas sin el sistema ilusorio y es allí donde realmente comienza el cambio. Todo lo demás no sirve para nada, los libros, los maestros, las drogas, el dinero, el sexo, nada, nada funciona porque todos ellos están dentro del sistema ilusorio, solo producen más de lo mismo. ¿Recuerdas la propiedad de clausura?

- Si, aquella de los números y las operaciones, bla, bla, bla

- ¡Esa! Aunque sin tu bla, bla, bla. Funciona igual. Aquí es donde aparece de nuevo el sistema con el síndrome de abstinencia. Si te alejas del sistema inmediatamente se prende una alarma y el sistema responde con una serie de emociones como el miedo, el malestar, angustia, etc. La enfermedad corporal incluida, es una de sus favoritas y la más efectiva para hacerte regresar.

Cuando intentas ver las cosas de otra forma inmediatamente vas a notar que no te sientes bien. "No te sientes bien" es una etiqueta que le pones a un conjunto de síntomas físicos y sicológicos. Es una respuesta del sistema. Generalmente uno cede fácilmente a esta y al segundo está de regreso. El sistema te recompensa haciéndote sentir bien. De nuevo "sintiéndote bien" es otra etiqueta asociada a sus correspondientes síntomas. Cuando se prende la alarma "me siento mal" lo primero que hacemos, sin pensarlo, automáticamente es hacer algo para no estar mal.

- Es más que obvio. Eso lo ve un ciego ¿no?

- Pues fíjate que no. Esta es una respuesta aprendida y automática y por tanto nunca cuestionada. Es tan automática que parece no haber alternativa como tú dices. Mas hay alternativa. En verdad no necesitas el sistema ilusorio para nada. Sentirse bien o mal es un criterio del sistema y nada más. No tiene nada *que ver con tu realidad. La felicidad continua, sin desviaciones hacia más o menos felicidad, sin niveles ni graduaciones, es absoluta y completa. Los grados de felicidad o bienestar son conceptos del sistema ilusorio. Si tu felicidad es completa ¿para que necesitas que el sistema te diga si eres feliz o no y en qué medida?*

- ¿Cómo puedo saber entonces si me felicidad es real?

- *El criterio para saber si lo que llamas felicidad en verdad lo es, es preguntarse si esta felicidad depende de algo, es decir si se puede adquirir y por lo tanto también perder. Si depende de algo entonces no es felicidad real pues es relativa, es parcial, temporal.*

- ¿Y no puede simplemente Dios darnos esa tan anhelada felicidad y asunto acabado?

- *El problema es que Dios no tiene idea de este mundo, no es real ¿recuerdas?*

- ¿No? Houston, tenemos problemas... Siempre tuve la esperanza de que al menos Dios pudiera ayudarme a pesar de todo; siempre y cuando fuese bueno y me portara bien en la vida, ya sabes lo que dicen que Dios siempre perdona.

- *Es cierto, Dios perdona siempre porque sabe que no hay nada que perdonar, de otra forma no sería justo pues el razonamiento sería: "puedo hacer lo que quiera porque al final Dios me va a perdonar". Una vez que se ve que nada es real, el sistema de culpa-castigo se torna totalmente absurdo.*

- Pero siempre se ha dicho que hay que perdonar, Jesús lo dice.

- *Perdonar es real cuando significa el acto de no aceptar culpa en el otro o lo que es lo mismo, el reconocimiento de que nada puede hacerte daño por lo tanto no hay culpa alguna. Ese es el significado del símbolo "poner la otra mejilla".*

- Nunca he estado de acuerdo con eso, me parece que es permitir que sucedan cosas malas, me parece cobardía y debilidad.

- *Todo lo contrario, cuando pones la otra mejilla estás enviando un mensaje de invulnerabilidad, de fortaleza. Si lo haces con humillación, se convierte en lo que tú dices, si lo haces desde la convicción de que eres un hijo de Dios y eres perfecto, entonces eres la fortaleza de la perfección y la reflejas.*

- Pero igual el otro se sale con la suya.

- *Depende desde donde lo mires. Cuando compartes una idea esta se fortalece. En algún lugar de su mente el mensaje ha calado y tarde o temprano tendrá su repercusión en el esquema de realidad que ahora maneja y que posiblemente no le ha dejado ver el regalo que le haces.*

- Es posible, aunque si lo que afirmas sobre el perdón es cierto entonces veo en problemas a muchas religiones que se sienten llamadas a intermediar entre Dios y los hombres para lograr su perdón y sus favores en este mundo.

- *Esa es la ilusión de las religiones formales. Dios no puede hacer nada porque este mundo él no lo creo y por lo tanto no existe. No porque no pueda o no quiera sino porque no es real. Así de simple.*

- Entonces no hay solución.

- *No hay solución porque no hay problema, no es real ¿recuerdas?*

- ¿Hay que pensar cómo piensa Dios?

- *¡EXACTO! Eres brillante en verdad.*

- Por supuesto, soy hijo de Dios, que más se puede esperar.

- *Tú lo has dicho...*

Limonada

- ¿Cómo decirle por ejemplo a una persona que se encuentra enferma de muerte que eso no es real?

- *No podemos decirle simplemente esto es una ilusión, ¡despierta! Eso solo incrementaría su miedo y tú sabes que el miedo es el combustible de la ilusión. Estamos en un sistema ilusorio y tenemos que usar lo que tenemos. Si la vida te da limones ¿qué haces?*

- Limonada ¿no?

- *Mira, siempre habrá una persona que en alguna situación esté en mayor disposición de poder ayudar que otra. Ella es la que tendrá que ayudar a su hermano a ver la situación de otra manera. A veces con el ejemplo, a veces con una palabra de aliento, la simple compañía y hasta el mismo silencio. La verdad ni siquiera hay que estar presente, recuerda que todo es mente y todos somos uno, es decir una sola mente.*

- Y aquellos que se dicen ser maestros iluminados, los enviados por Dios, o dicen tener la exclusividad para comunicarse con él.

- *También cumplen su papel, como el ciudadano común, el sacerdote, el asesino, el loco. No son ni más ni menos que ninguno. No hay ninguno especial porque todos somos igualmente especiales. En realidad nadie es enviado por Dios pues él no sabe de ilusiones. Recuerda que todo puede ser usado para bien si se aprende a ver de otra manera, así que todos tenemos nuestra función. La dificultad estriba en ver nuestras particularidades como especialidades, es decir aquello que nos personaliza y nos hace únicos, diferentes para bien o para mal es decir para beneficio o no de nuestro mundo.*

- No entendí esto último, ¿qué especialidades?

- *Creer que somos más o menos que cualquier otro por alguna circunstancia particular. Por ejemplo cuando alguien cree* ser un canal exclusivo de Dios y se siente por ello más cerca de él, más íntimo, es decir escogidos. Aunque la especialidad no es una exclusividad ya que todos en cierta forma creemos o queremos ser especiales: más bonitos, más inteligentes, más exitosos.

- Sí, todo lo medimos con respecto a los demás, y la medida es si tenemos algo de más o de menos que nuestro hermano.

- En verdad no nos importa tanto cuánto se tiene, lo que más nos interesa es tener más que el otro. El dinero no tiene tanta gracia si todos tenemos la misma cantidad, ni nos atraería la belleza si todos nos sintiéramos igualmente hermosos y la fama no tendría sentido si todos somos igual de famosos. Lo que nos importa no es "tener más de algo" sino "que tanto más que algún otro". Esto es lo que te digo es el especialismo. Este mundo en si es todo un acto de especialismo porque es el resultado de pensar en forma exclusiva, de manera diferente al todo, pensar separado.

- Aunque eso está bien, pues la competencia nos hace ser cada día mejores.

- Eso funciona cuando el propósito es mantener, alimentar y fomentar la ilusión. Es mundano. Cuando nos hablan de igualdad nos aterroriza, es una amenaza para el sistema. Lo rechazamos de plano aduciendo que definitivamente no somos iguales. Es obvio que si lo miramos desde el punto de vista del sistema ilusorio esto sucede así, la visión de este sistema está hecha para eso, para ver diferencias y lo que le es realmente difícil es ver igualdades, este sistema no está hecho para eso.

- Somos diferentes, no existen dos personas iguales, eso lo ve un ciego.

- Eso lo dices desde el ilusorio. Recuerda que la clave es mantener la perspectiva, es decir mantener en la mente la consciencia de que estamos en un sistema ilusorio. Todo visto desde allí cobra otro significado.

- Desde mi visión es válido y eso es lo que importa ¿no? Este es mi mundo, es todo lo que tengo.

- *Pero no es real, eso es lo que importa y eso que llamas "todo" en realidad es nada.*

- No veo nada más, no veo alternativas.

- *Siempre hay dos alternativas: lo real y lo irreal, siempre estamos decidiendo entre ellas aunque no seamos conscientes. Así que siempre podemos elegir de nuevo. ¿No es maravilloso?*

- Tal y como tú lo describes es realmente esperanzador, es un aire de frescura, un aliento. ¿Y qué tal si estás equivocado? ¿Qué tal si esto, este mundo, esta ilusión como tú la llamas es todo lo que hay?

- *Si esto fuera todo lo que hay significaría que Dios está más loco que nosotros mismos y por lo tanto no sería perfecto, no sería Dios. Si existe un Dios perfecto, ten por seguro que este mundo no es obra de él.*

- Si parece que en verdad Dios no puede haber creado esto. Parece más bien obra del Diablo, ¿no?

- *Antes que nada, el diablo, de existir tal cosa, no podría crear nada que esté en idea contraria a Dios; en verdad nada ni nadie puede hacer algo así y esa es la razón por la que su supuesta obra no es real.*

- Bien y si Dios no creo el mundo ni tampoco lo hizo ningún demonio ¿entonces quién diablos lo creó?

- *Ja, ja, esa te salió buena. La pregunta es interesante porque fíjate, lleva implícita una respuesta, es decir estás afirmando de manera subliminal que el mundo existe. ¿Ves? En general todas nuestras preguntas llevan ese veneno y no nos percatamos de ello. Siempre que te cuestionas algo referente a este mundo, cuando te sientes mal por algo que te ha sucedido, cuando atacas a cualquier cosa aparentemente externa, realmente estás haciendo la afirmación implícita de que este mundo existe, de que es real, tanto que tiene efectos en ti. ¿Lo ves? Es sutil. Uno nunca sospecharía de un sistema que aparentemente se cuestiona, que duda y combate contra sí mismo. Parece ser el héroe de la historia. Pero el combate es la estrategia pues no es el resultado de la batalla lo que le importa en realidad al sistema, lo que le importa es que se esté combatiendo. Mientras haya lucha habrá confirmación de la realidad del sistema. Es todo lo que se necesita. La única forma de no caer en esta trampa es mantener la perspectiva, la visión perimetral. Ver ambas caras de la moneda. En ese punto realmente podemos elegir. Cuando nos involucramos en la batalla significa que ya hemos tomado la decisión a favor de la ilusión y cualquier decisión derivada de esto no es más que otra ilusión y otra, y otra y otra... ¿lo ves?*

- Si, o sea que ¿realmente solo hay una decisión de la cual se derivan todas las demás?

- *Si es la decisión entre lo que es real y no lo es. Fíjate que aquí no se juzga con respecto a bien o mal ya que esta es una decisión que implica que algo puede ser malo o bueno para mí. Las decisiones con respecto a bien o mal son decisiones derivadas de la decisión por lo irreal, por lo tanto es irreal.*

- Uff, menos mal, gracias a Dios.

- *Si, gracias a Él que nos ha creado perfectos y tal cosa nunca sucedió realmente.*

- Ahí me vuelvo a confundir. ¿Cómo que no sucedió, entonces como es que tú y yo estamos aquí hablando?

- *Como en un sueño, viejo, recuérdalo, recuérdalo...*

- Si, si, disculpa, es difícil mantener la perspectiva todo el tiempo.

- *Es un hábito que debemos eliminar con otro hábito.*

- ¿Cómo así?, entonces no estamos haciendo nada. Estamos abriendo un hoyo para llenar otro.

- *Si, es la única forma dado que lo único que tenemos es una pala, es decir nuestro sistema ilusorio.*

- Y la tierra en este caso, representa las ilusiones

- *Exacto. Trabajemos con ilusiones. La diferencia es que unas ilusiones nos alejan cada vez más de la decisión inicial,*

- O sea la trascendental, de la que se derivan todas las otras.

- *Si, y estas hacen que nos alejemos cada vez más de la decisión inicial. Otras nos acercan, nos hacen más conscientes de que esta fue el inicio de todo. Cuanto más cerca estamos de la decisión inicial más fácil será para nosotros verla y poder decidir de nuevo esta vez a favor de la realidad.*

- Ya veo la lógica.

- *Si, se trata de ver, solo de ver. Si pudiéramos por un solo instante ver que las alternativas "bueno" y "malo" son ilusorias podríamos dar un paso atrás y estaríamos de nuevo ante la decisión inicial que trata sobre lo "real" e "irreal" y estaríamos en posibilidad de decidir de nuevo, esta vez por lo real y, así, despertar. Mientras no demos ese "pequeño gran paso", la ilusión continuará porque todas nuestras decisiones serán derivadas de nuestra elección por lo irreal y por tanto todas serán ilusorias.*

- Uff, es un poco muy complejo, ja, ja. Pero bueno creo que es suficiente por ahora. A todas estas, ¿eres feliz?

- *Si. Digamos que quise ser infeliz, pero fracasé, ja, ja.*

- Es una paradoja ¿verdad?

- *Efectivamente, el ilusorio es una paradoja de una paradoja.*

- ¿Qué quieres decir?

- Mira, una paradoja es una contradicción, algo que a pesar de ser aparentemente cierto, viola las leyes de la lógica o el sentido común. La paradoja de la paradoja es un doble truco. No se encuentra en violar la lógica sino por el contrario parecer totalmente lógico de manera que se oculta o se pasa por alto aquello que es realmente ilógico.

- ¿Y eso que tiene que ver con la felicidad?

- Nadie duda que debemos buscar la felicidad, esa es la parte lógica, pero nadie se da cuenta que la misma búsqueda es la infelicidad. La búsqueda oculta en su interior el sentimiento de carencia o de "falta de" que damos por hecho. Nadie sospecha ni siquiera por un instante que somos absoluta y perfectamente felices en este mismo instante, es algo que ni siquiera está en consideración, sin embargo, si suspendiéramos la búsqueda de la anhelada felicidad y con ello cesara la creencia en la carencia, nuestra completitud y por ende nuestra felicidad se harían evidente a nuestros ojos.

- No está muy claro.

- La razón por la cual nos sentimos infelices es simple: queremos ser infelices.

- ¿Estás loco? ¿Por qué querríamos ser infelices?

- Porque queremos ser felices. Buscar la felicidad es la causa de nuestra infelicidad. ¿Parece absurdo verdad?

- Si, no veo como pueda ser eso posible, es una contradicción.

- Mira, si cayeras en arena movediza tu instinto diría que debes moverte rápidamente para salir de allí, esforzarte, mover brazos y piernas para no dejarte hundir. En realidad todo este esfuerzo es lo que te hunde. Si no hicieras nada, tu cuerpo comenzaría a flotar lentamente y estarías a salvo. Es una contradicción. Sucede igual con la felicidad.

- ¿No haciendo nada alcanzo la felicidad?

- *La felicidad no es algo que se pueda alcanzar dado que es un regalo que Dios nos otorgó al crearnos perfectos. Es parte de nuestra esencia y cuando queremos alcanzar algo que ya somos, en el fondo estamos negando esa verdad.*

- Significa que cuando buscamos la felicidad estamos afirmando que somos imperfectos.

- *Si. Esta creencia es un velo que oculta nuestra felicidad. Nuestros esfuerzos por alcanzarla reafirman esa creencia haciendo que se repita el círculo.*

- Entonces ¿qué podemos hacer?

- *Fácil: ¡No quieras alcanzar la felicidad! Si todo lo que hacemos no hace más que ocultar nuestra felicidad, entonces obviamente debemos dejar de hacer todo lo que estamos haciendo.*

- Parece simple, entonces ¿Por qué no podemos verla?

- *Es como el silencio, cuando dejas de hacer ruido... aparece.*

- ¿Y cómo se hace?

- *Mira, cuando le preguntaron a Miguel Ángel, cómo había logrado ese nivel de perfección al esculpir el David partiendo de un único bloque de mármol, él dijo: "David estaba dentro de ese bloque, yo tan sólo quité lo que sobraba".*

Digamos que el "David" es nuestro ser perfecto y lo todo el mármol que lo oculta es el sistema ilusorio. Entonces lo único que debes hacer es quitar todo lo que no es "David". Ese debería ser nuestro único propósito en la vida

- Pero dices que no hay que hacer nada, ¿entonces?

- *Es un error común creer que debemos eliminar los problemas para ser felices, es la estrategia de la arena. Eso es lo que llamo "hacer". La clave está en que no debemos hacer eso, porque no es la arena la que nos hunde sino nuestros esfuerzos por quitarla. Igual sucede con la felicidad.*

- Pero en el ejemplo de David, Miguel dice que debemos quitar algo.

- *Se refiere a todos aquellos pensamientos que no nos dejan ver a David. Esto son los pensamientos que nos hacen creer que somos imperfectos, vulnerables y carentes.*

- Entonces ¡Miguel realmente no hace a David!

- *¡Exacto!, eso es lo más importante, no podemos hacernos a mostros mismos porque ya fuimos creados perfectos, entonces no hay que hacer nada, solo eliminar todo aquello que se superpone a nuestra realidad perfecta: el sistema ilusorio.*

Haciendo lo mismo no hacemos nada

- Hola, antes que me digas cualquier cosa déjame preguntarte algo que aún sigo sin entender. ¿Cómo diablos es que estamos en un sistema ilusorio?

- *A ver, es similar a estar en un laberinto. No se puede ver cuál es el camino que llevará a la salida; solo se puede mirar hacia los lados y explorar, avanzar, retroceder, girar, intentar otro camino cuando se llega a un punto ciego. Nadie conoce realmente cómo es, solo lo imaginan basados en mapas anteriores y en experiencias comunes y estas pueden enseñar algunas particularidades que ayudan aunque no hay nada que diga con absoluta certeza cuál es la ruta que lleva a la salida.*

- ¿Pero nadie ha encontrado aún una salida?

- *Con el sistema ilusorio hay dos cuestiones fundamentales. La primera es que no hay salida: es un sistema cerrado en el sentido de que tiene fronteras que lo delimitan, lo cierran. La segunda es que no sabemos que no tiene salida, tenemos la ilusión de que podemos encontrar una si somos persistentes, si seguimos los mapas que otros hicieron para representar lo que ellos creían era el laberinto y que nos son trasmitidos a través de la genética, la cultura y la educación. Asimilamos estos mapas de manera constructiva, significa que con base en modelos mentales pre elaborados asimilamos nuevos modelos en una mixtura con nuestros propios mapas elaborados basados en la experiencia, lo que da como resultado nuevos mapas que nos servirán para asimilar los próximos y así sucesivamente.*

- Pero, ¿acaso no hay un solo mapa?

- *Cada mapa es único para cada persona y no se parece totalmente a ningún otro porque está personalizado por las experiencias y percepciones propias. Aunque parece que vamos siguiendo un mismo mapa, en realidad cada uno ve el suyo propio y camina su propia ruta. Lo curioso de todo esto es que* el mapa crea el laberinto y no al contrario como comúnmente creemos.

- "Caminante no hay camino, se hace camino al andar" dice el poeta.

- Esto es totalmente válido en este sistema de pensamiento, es decir, creamos nuestra realidad en este instante. Sin embargo el sistema ya ha previsto esta situación pues encontrar la salida es una amenaza directa a su existencia. Su reacción inmediata es tratar de desviar tu atención para que te olvides del propósito y te concentres en la forma, en el contenido, es decir que trates de mejorar el laberinto, de modificarlo, hacerlo más cómodo, más placentero y te olvides del hecho de que en verdad nunca encuentras la salida. Así pues querrás ir en autos, hacer autopistas, hacer o que otros te vean como el que conoce el mejor y único camino y te sigan. No son más que sofismas de distracción. Generalmente todos estos enfoques solo quieren mejorar el mundo ilusorio. El sistema ilusorio es, aunque no lo creas, la cosa más perfecta que hemos podido crear en este mundo de ilusión. Esta estrategia tiene como propósito perpetuar la ilusión de que podemos hacer algo dentro del sistema, que debemos hacerlo para mejorar nuestra situación y si somos perseverantes, entusiastas, creativos, luchadores, incluso violentos, agresivos, despiadados, descorazonados, envidiosos, en fin toda la gama de sentimientos humanos, si hacemos todo eso entonces lograremos escapar. En verdad el sistema está hecho para que precisamente "hacer algo" sea lo que lo alimenta. Es una paradoja muy difícil de captar aunque detrás de ello está la gran estrategia, aquello en lo que nunca nos fijaríamos: En verdad lo que se propone es hacernos creer que tal laberinto ¡es real!

Si pudiésemos verlo desde arriba, es decir su pudieras "salirte", veríamos un sinfín de personas yendo de aquí para *allá sin llegar a ninguna parte. No lo verías porque en verdad no existe, solo está en los mapas de cada quien que crea que existe uno, y que todos creemos que es uno solo y el mismo para todos.*

- ¿Qué? Esa si no la vi venir...

- *Lo que realmente oculta el sistema y que por ningún motivo quiere dejar que veamos es que en verdad no hay ningún laberinto, que todo es tan solo una ilusión de tu mente, porque cuando lo ves ya no importa cuál es la mejor ruta ya que no hay ninguna ruta, ya no hay nadie a quien seguir porque no hay ninguna parte a donde ir, es decir no habría que hacer nada.*

- Me parece que ya habíamos hablado de esto. ¿No hay nada que hacer o no hay que hacer nada?

- *Hay que ser consciente de que en el estado en que estamos más que nada parecemos una máquina ya que no somos realmente conscientes de lo que estamos haciendo. Ella simplemente obedece a un propósito. Mientras el propósito continúe, cambiarla también estará dentro de sus propósitos. El propósito en realidad no es de ella sino de quien la opera.*

- Me parece que en este mismo momento soy muy consciente de todo lo que digo y hago.

- *Es cierto, "te parece". Lo importante no es lo que haces sino el propósito por el que lo haces. El propósito se puede cambiar, entonces la máquina simplemente responderá al nuevo propósito. El propósito fue quien la creó y de la misma forma un propósito diferente puede hacer que le sirva como su instrumento y al cabo de un tiempo deje de ser necesaria y por lo tanto desaparecer.*

- Si esa es nuestra situación, pareciera que no se pudiera hacer nada.

- *Si, haciendo lo mismo no hacemos nada. Mira, todo acto inconsciente es mecánico y por lo tanto alimenta digámoslo a sí nuestra inconsciencia. Uno podría hacer algo, algo que no sea mecánico y que no contribuya a alimentar la máquina; esto sería un acto consciente que obedece a un nuevo propósito, a un propósito consciente. Recuerda lo importante es el propósito pues es este quien encausa la acción.*

- Bueno ¿y cuál sería ese nuevo propósito?

- *Todo este sistema surge de la decisión entre lo que es real y lo que es irreal. El propósito actual, el que configura este mundo, es dar realidad a la ilusión. La máquina se creó como un instrumento para ello y cumple a la perfección los deseos del propósito; es decir si mi propósito es creer que soy vulnerable, ella es vulnerable, sufre a la perfección, muere a la perfección, no hay nada que cambiar en ella pues está cumpliendo su función a cabalidad. Puedes cambiarla para que por un breve instante no sufra o retarde su muerte, aunque si el propósito en el fondo permanece esta sufrirá y morirá para satisfacerlo.* Un nuevo propósito sería dejar de creer que somos imperfectos.

- Bueno y por qué no cambiarlo si con ello podríamos ser felices. ¿Qué nos lo impide?

- Buena pregunta. *Esto es algo que también está previsto por el sistema que no va a dejar que lo cambies pues eso significa el fin de su existencia. Un sistema ilusorio nace de un propósito ilusorio.*

- ¿Y cómo le hace para evitar que se cambie el propósito?

- *Realmente no puede evitar que cambies o abandones el propósito. Lo que hace es evitar que veas cuál es. Para eso se ha ingeniado la mejor de las estrategias; se llama identificación. Es simple aunque altamente efectiva. Consiste en que pasas de ser espectador de una película a involucrarte en ella. Si creo que eso "me está pasando realmente" trato por todos los medios de cambiar eso que ahora considero mi realidad, es decir lo que me está pasando.*

- ¿Y qué hay de malo en eso?

- *Que inmediatamente dejo de cuestionarme si es real o no y asumo que es real pues "me" está sucediendo. Cuando yo reacciono significa que ya le di estatus de real, es decir, el actuar, el responder, lo hace real para mí ya que aparentemente estoy interactuando, estoy haciendo cosas que podrían cambiar para mejorar mi situación. Mientras soy espectador del sueño, de la película puedo ser consciente de que es solo una película y puedo decidir simplemente salirme de la sala si no me gusta, aunque si me involucro, si me identifico, me olvido que soy simple espectador y creo ser actor. Me olvido que es una proyección, que tras de todo hay una cámara y en frente solo un telón blanco y nada más. Identificarse es involucrarse en la situación.*

- En un momento dado dejo de ser consciente de que soy el soñador y me involucro en el sueño y por eso me parece tan real o ¿en verdad lo es?

- *Sigue siendo sueño. Puedo luchar infinitamente en ese sueño, puedo ser lo más inteligente, lo más hermoso, lo más exitoso, lo más famoso y nada absolutamente nada cambiará en un ápice el hecho de que es solo un sueño y que todos mis esfuerzos no están logrando nada. Es cierto que en el sueño parece que suceden muchas cosas, aunque son cosas que están en el sueño. Puedes ganarte la lotería, encontrar un tesoro, hasta convertirte en dios, y al despertar, todo desaparecerá.*

- Parece increíble que este soñando todo esto.

- *Ese es precisamente el caso. El sistema pretende que no lo creas porque si lo crees, él mismo se desvanece. Si crees que es una ilusión, así será, y si crees que no lo es y así también será. El sistema crea todo un escenario, una matrix, como en la película y crea un personaje que cumple con todas las características del propósito y te hace creer que eres tú. Así todo lo que le pasa a ese* personaje crees que te pasa a ti y todo lo que hace ese personaje esta engranado con la matrix, se alimenta de ella y su actuar la alimenta, es un sistema de pensamiento que crea la ilusión de una realidad, es decir este es ahora tu mundo, es para ti todo lo que hay, la realidad. No puedes ver nada más y por eso parece que es todo. No dudas ni por un solo instante de su realidad.

- Discúlpame pero sigo sin creer que creamos que un sueño es la realidad.

- *El sistema ilusorio nos parece real porque es todo lo que vemos, parece que no hay más y por eso ¿quién dudaría de algo cuando es todo? No hay opciones que podamos elegir; parece que eso es todo y no se puede dudar.*

- Es una especie de paradigma.

- *¡Sí!, es algo tan arraigado, tan sistemáticamente completo, coherente y envolvente que no deja espacio para una mínima alternativa, ni para la más pequeña de las dudas.*

- Y somos capaces de matar y hasta de morir por defenderlos.

- *Exacto, la paradoja sería: "primero muerto antes que perder la vida"*

- Ja, ja, visto así nada se puede hacer, parece que no hay remedio.

- *Solo hay algo que una ilusión no puede hacer y es que lo real deje de serlo. La verdad siempre estará ahí por más que el sistema ilusorio la oculte y no podamos verla.*

- ¿Y cómo se sostiene?, que es lo que ...

- *La creencia en él.*

- O sea que si dejamos de creer ...

- *Se crea una alternativa, una pequeña luz penetra en la oscuridad y la desvanece.*

- Esa es la forma de escapar.

- *No sirve querer escapar ya que esto implica que se tiene miedo y el miedo es un elemento fortalecedor del sistema. Querer cambiar tan solo refuerza la ilusión porque refuerza la creencia en el cambio.*

- Entonces el paradigma es creer que el paradigma es real y si quiero cambiar lo único que logro es reafirmarlo. Parece lógico pero... ¿Por qué no lo vemos?

- *Es como entrar en una burbuja de jabón. Imagina una gran burbuja de jabón. Cuando estás afuera ves la burbuja porque su superficie refleja todo lo que la rodea. Ahora imagina que suavemente entras en ella, la burbuja se cierra sobre sí misma y la entrada desaparece, una vez adentro parece que no hay salida... Cuando miras la superficie interna solo ves el reflejo de lo que hay dentro de la burbuja, no ves nada externo, no puedes ver que es una burbuja que está dentro de un todo más grande que ella. La pequeña burbuja se ve como todo lo que hay.*

- ¿No tiene salida?

- *Se puede trascender usando ese mismo sistema dado que es todo lo que nuestro estado mental acepta en el momento. Estamos como en un laberinto y la estrategia es recorrerlo con el propósito de ver en cada situación una posibilidad para decidir nuevamente. Ahora, por lo real en vez de lo irreal.*

- ¿De esa forma encontraremos la salida?

- *No. Nuestra visión se irá aclarando cada vez más y más hasta que las nubes que ocultaban la visión desaparezcan, hasta quitar cada uno de los obstáculos que impiden ver la realidad y entonces... desaparecerá el laberinto.*

- Creo que mi cabeza va a estallar como una burbuja en un laberinto, ja, ja.

No es un hacer, es un deshacer

- Hola, ¿sabes algo?, mientras conversamos pienso que lo que dices tiene sentido. En cierta forma parece lógico. En ese instante para mi es así. Luego me voy olvidando, todo se va diluyendo, se pierde entre la niebla, como cuando uno recién se despierta y trata de recordar lo soñado. Al principio están las imagines recientes y las recuerdo, aunque a medida que pasan los minutos se van borrando, se van perdiendo.

- *Así es, no basta con oírlo o leerlo.*

- Es triste porque uno creería que basta con saber algo para entenderlo aunque veo que no es así.

- *No es tan simple. ¿Sabes?, la verdad ha sido conocida desde siempre, no hay un tal "secreto". Siempre ha estado allí. No es necesaria ocultarla. No basta con saberla de forma intelectual, de la misma manera que no basta saber leer para entender la teoría de la relatividad. Puedes leerla, allí está, cualquiera puede hacerlo, puedes hablar de ella, enseñarla incluso a otros sin entenderla.*

- ¿Por qué no basta con leerla y ya? Si solo son palabras que todos conocemos, en el peor de los casos su significado está en un diccionario.

- *Porque aprender algo no es una acumulación de conceptos, es una construcción, se requiere un cambio de mente, y cambiar la mente es un proceso de deshacimiento, es decir, no puedes agregar líquido en un vaso lleno, debes vaciarlo para poder llenarlo de nuevo.*

- ¿Debo vaciar mi mente?

- *Es un ejemplo. No se puede vaciar una mente como se vacía un vaso. Algunas personas intentan acallar los pensamientos con la meditación, aunque cuando termina la meditación los pensamientos la llenan de nuevo. Ellos siempre están allí no puedes evitarlo.*

- ¿Podría estar en un estado de meditación continua?

- *Si, aunque no puedes dejar de pensar, es tu esencia. Somos pensamientos de Dios y Dios mismo es pensamiento. La matera de la que creemos estamos hechos también lo es. Tal vez con la meditación logres no escucharlos como palabras o verlos como imágenes, aunque créeme están allí.*

- ¿Entonces lo que puedo cambiar es mi forma de pensar?

- *Eso es diferente, puedes cambiar el vaso donde reposan los pensamientos, cambiar la forma. El vaso es como tu sistema de pensamiento, un molde, un modelo. Tú verás la forma del vaso. La verdad te muestra el pensamiento sin forma, como el agua en estado gaseoso, libre, sin forma. El sistema de pensamiento los convierte en líquido y hasta en sólido si lo dejas, de esa manera toma las diferentes formas que llamamos personalidad y eso configura las diferentes visiones que tenemos, aunque el hecho de ser ahora líquida y dependiente de la forma que lo contiene es lo que la hace irreal, ilusoria. Para deshacer su estado debe haber movimiento en sus partículas, calor, separación, libertad. Cuando se rompe la fuerza que une las partículas estas quedan libres de la forma. Hay que romper entonces las relaciones que unen fijamente esos pensamientos que conforman la ilusión*

- Decías que no había que hacer nada y ahora ¡mira!

- *No es un hacer, es un deshacer pues "hacer" significa aquí fabricar, construir con pensamientos una realidad ilusoria. Para volver a la Realidad hay que deshacer esa construcción. La mente automáticamente volverá a su estado de realidad donde en verdad siempre había estado aunque debido a esa gigantesca construcción no la podíamos ver.*

- ¿Es decir que toda la educación, la sociedad y la cultura son un estorbo?

- No, nada en verdad estorba porque nada en verdad es real. Si crees que es un estorbo y debes deshacerte de él, luchas contra él y al hacerlo estas creyendo que es real.

- ¿"Deshacer" no es lo mismo que luchar contra eso?

- No, cuando deshaces un nudo no queda ningún nudo, queda una cuerda lisa, limpia. Cuando luchas contra un nudo lo más probable es que termines con más nudos, o con un nudo diferente. La cuestión de la lucha es que siempre tiene como objetivo lograr algo, es decir inconscientemente está afirmando que falta algo y que la lucha lo puede conseguir. Esa es la esencia de todo ataque porque la lucha es un ataque. Siempre que atacas estás afirmando que puedes lograr mejorar tu situación con ese ataque, es decir que falta algo y puedes obtenerlo. En verdad obtienes algo, un aliciente, un acicate para que no desistas en tu empeño. Es la zanahoria atada a un palo, la persigues y crees que entre más te esfuerces más pronto la alcanzarás. Nunca la alcanzas.

- Hay muchas cosas que he logrado y me han hecho feliz, yo no me siento frustrado ni nada parecido.

- Si, aunque si miras en retrospectiva verás que cuando logras ese algo que supone te hace feliz siempre trae consigo algo que te hace infeliz. No es una venganza, no es que la vida te quiera tratar mal y a otros bien. No. Es una ley, de la ciencia física. Sabemos que toda acción tiene una reacción igual en sentido contrario. Sucede lo mismo. Lo llamamos "mala suerte" porque aparece de la nada, sin razón aparente; igual cuando nos sucede algo conveniente le llamamos "buena suerte". Otros lo llaman castigo o recompensas divinas respectivamente.

- Si, aunque sabemos que ni Dios ni la suerte tienen nada que ver en esto ya que como dices todo está relacionado por lo tanto afecta a todo lo demás de alguna manera,

- significa tarde o temprano se verán los efectos. A veces la reacción no es inmediata y no podemos ver claramente su relación causa efecto.

- ¿Y Por qué crees que no podemos verlo?

- *La cuestión es que no nos damos cuenta de que somos parte del sistema, es decir que nos vemos afectados por nuestros propios cambios lo que a su vez produce nuevos cambios en una cadena. Hay una historia sobre un jefe indio novato al cual su tribu consulta sobre la crudeza del próximo invierno. Para no parecer bisoño, afirma con seguridad que será crudo, pero para asegurarse consulta en secreto al servicio meteorológico donde le confirman su apreciación. Ante esto la tribu se dispone a aprovisionarse de leña. Semanas después la tribu vuelve a preguntar y el responde igual y de nuevo se asegura consultando al servicio de meteorología. La tribu aumenta aún más su provisión de leña. Así ocurre en varias ocasiones hasta que el jefe, un poco desconfiado llama al centro meteorológico y pide que le expliquen por qué creen que ese invierno será particularmente duro a lo que ellos responden: "Porque vemos que los indios están recogiendo leña como locos"*

- Ja, ja, es verdad, no vemos que somos parte del sistema y al afectar una parte tarde o temprano nos afectamos a nosotros mismos.

- *Si. Nos damos fácilmente cuenta de cambios que suceden en un primer orden, es decir, cuando el efecto nos llega directamente; pero cuando las reacciones suceden a través de muchos órdenes, no vemos fácilmente la relación causa efecto que hay entre ellos. Por ejemplo, nos cuesta dificultad ver que un problema cardiaco pueda ser causa de una anomalía en los dientes, pero puede suceder. Algo similar sucede con el tiempo que media entre la causa y el efecto. Cuando el tiempo es corto* vemos fácilmente la relación. Cuando el tiempo es largo no vemos la relación causa efecto, nos parece que no la hubo o lo asociamos a otra causa más cercana en el tiempo.

- Es cierto, es difícil determinar la verdadera causa de algo.
- Aunque recuerda que todo esto ocurre solo en el sistema ilusorio donde existe la ilusión de que causa y efectos están separados por el tiempo.
- Uff, por un momento creí que era real, ja, ja
- ¡Muy chistoso!

Lo que llamamos amor en verdad es miedo

- Estoy enojado.

- *¿Qué te pasa?*

- Las cosas no han salido como yo esperaba.

- *¿A qué cosas te refieres?*

- Situaciones que debo resolver, cosas del mundo como tú las llamas.

- *Bueno al menos estás en posición de distinguir entre las cosas que son del mundo y las que no.*

- Bueno, es un decir, ¿qué cosas podrían no ser de este mundo?

- Recuerda que todo es pensamiento. Algunos pensamientos, específicamente aquellos propios del sistema ilusorio, son los que denominamos "cosas de este mundo" ya que el mundo fue creado por estos ellos. Igualmente, el resto de pensamientos que son "fuera de este mundo" son los pensamientos del sistema real.

- Sí, dices que este es un mundo ilusorio, ¿a eso te refieres?

- *Más o menos. Digamos que pareciera que existen dos mundos, es decir, dos sistemas de pensamiento.*

- Ajá.

- *Bien, en esos dos sistemas por supuesto hay pensamientos, unos de una clase y otros de otra, es decir existen pensamientos que no son de este mundo, de este sistema.*

- Si, es posible.

- *No solo posible. Ahora, un pensamiento del sistema ilusorio es ilusorio ¿verdad?*

- Si.

- *Si piensas que estás enojado, esos pensamientos en verdad son ilusorios lo que significa que tu enojo es ilusorio, no es real.*

- No lo sé, a mí me parece muy real, tal vez no lo sea para ti que no estás pasando lo que yo.

- A ti te parece real no porque lo sea sino porque lo ves bajo el sistema ilusorio. Si pudieras verlo desde el otro sistema en verdad ni lo verías.

- Estas diciendo que si estoy enojado y digo: "no debo estar enojado porque esto no es real" y entonces el enojo ¿desaparecerá?

- Cuando dices o piensas: "no debo estar enojado", en verdad estás asumiendo que estás enojado. Dices "estoy pero no debo estar"; de esa forma sutil estás otorgando realidad a la ilusión de estar enojado y no te percatas de la sutileza.

- ¿Qué debo decir entonces?

- No es lo que debes decir o hacer, ¿recuerdas? sino lo que "no debes decir" o pensar. En este caso, no digas o pienses que "no debo estar enojado". Reconoce simplemente que estar enojado no es real, entonces lo que estás sintiendo no es real por lo tanto TÚ no estás sintiendo realmente nada, entonces no importa. Puedes ver al sistema desde afuera y ver al personaje sintiéndose enojado y dejar de identificarte con él, ahora puedes ver que TÚ no estás enojado. No hay que juzgar o combatir el estado de ánimo, la rabia, el miedo, la vergüenza, etc. porque al hacerlo les confieres una realidad. No es que los hagas reales, eso no se puede, sino que crees que es real para ti por eso reaccionas.

- ¿Y por qué estar enojado no es real?

- En términos generales te enojas cuando algo no sale según tu idea de lo que debería haber sido. Tienes un plan y no te ha resultado. Tener un plan es creer que sabes lo que es lo mejor para ti y a veces para el mundo entero. Para poder hacer esto es necesario conocer el estado actual de todas las variables involucradas y los estados futuros. Solo de esa forma se podría predecir lo que va a suceder en un sistema. Pero eso es imposible, así que no puedes, es una ilusión. Además el enojo es una forma

de ataque. Te atacas a ti mismo porque querías hacer algo y no pudiste. Te sientes culpable por ser inepto, lo que en el fondo es miedo porque crees que no eres perfecto. De esa manera niegas tu realidad.

- A mí me parece que hay ocasiones en las que uno debe enojarse.

- *Te parece porque miras bajo el punto de vista del sistema ilusorio. Bajo esta visión se justifica; es más ese es uno de sus propósitos, es decir el que creas estar enojado y que tienes todo el derecho, te dice que está bien hecho hacerlo porque de esa manera te haces valer y si no lo haces significaría que tienes baja autoestima y eso estaría mal.*

- ¡Claro que está mal!

- *Depende de donde lo mires. Te insisto, todo en este sistema es relativo.*

- ¿Está mal tener alta la autoestima?

- *No se trata de bien o mal si no de si es real o irreal. Cuando lo miras bajo el criterio "bueno o malo" estás operando bajo las leyes del sistema ilusorio. Bajo estas, por supuesto que está mal. Pero si lo miras bajo el criterio de si es real o no, te das cuenta de que no es real porque es una carencia, una imperfección. Ahora ¿qué es más importante: lo real o lo bueno? ¿De qué sirve que algo sea bueno o malo si no es real?*

- Bueno, siguiendo tu lógica te devuelvo la pregunta: ¿y de qué me sirve qué sea real si es malo?

- *Buen intento. Míralo de esta forma: si es "bueno o malo" entonces no es real y si es real entonces no es ni "bueno ni malo". Las alternativas están en diferentes sistemas.*

- Entonces, si veo que están maltratando a una persona ¿no debo hacer nada porque no es real?

- No. Es cierto que no es real, pero dado que "lo estás viendo", para ti en ese momento es real. Estas viendo una ilusión y estás creyendo que es real. Si fueras consciente en ese momento ni siquiera lo verías porque tú mente no estaría creando esa ilusión. Lo ves y crees que es real al igual que la persona que está siendo maltratada. Lo más sensato es tratar de ayudar a esas personas de la mejor manera que tú y ellos sean capaces de manejar, es decir, dado que los estados de conciencia son diferentes en las personas, hay que hacer lo más indicado teniendo en cuenta ese estado de conciencia. No puedes lidiar con un sicópata asesino que te está apuñalando diciéndole "hermano esto no es real". Tú no lo crees en ese momento, mucho menos él, dado que es quien te está atacando en este caso. Debes actuar al nivel que sea más amoroso para él. Puedes escapar, puedes defenderte si sabes hacerlo, puedes pedir ayuda, etc.

- ¿Cómo puedo ser amoroso con alguien que me está acuchillando?

- "Amoroso" no significa que le digas palabras tiernas ni que lo consientas en el intermedio de cada puñalada. Un golpe puede ser amoroso si con esto resuelves una situación, siempre y cuando se haga en el grado necesario y suficiente, esto es sin rencor, sin sentimiento de venganza o de ataque.

- ¿Y en una guerra por ejemplo?

- En una guerra se matan y se dañan miles de seres en beneficio de otros. Esto en realidad no es que sea algo bueno ni malo, recuerda que continúa siendo ilusión, pero en cierta forma ayuda a muchas personas a tener una condición de vida donde haya menos miedo lo que puede redundar en una oportunidad para despertar.

- Dicen que el fuego algunas veces se combate con fuego.

- *Aunque el ataque en realidad nunca está justificado. Cualquier ataque por mínimo que sea, es una ilusión y nos condena a permanecer en el sueño cada vez que lo justifiquemos como una actitud valida.*

- Si no debo atacar ¿cómo me defiendo?

- *La defensa no siempre tiene que ser un ataque, ya que esta puede ser una defensa amorosa como te dije, no debe haber sentimiento de vulnerabilidad, ni de juicio condenatorio, es decir que te defiendes no porque creas que te están haciendo daño sino porque sabes que la persona que te ataca no ve en ese momento su realidad, pues de otra forma no te atacaría, y la mejor manera de hacerle ver esto es no reaccionar con un contraataque.*

- Me parece difícil hacerlo, sobre todo en el momento en que estamos siendo atacados.

- *No es fácil pues es un hábito muy arraigado y muy pocas veces, o casi nunca, cuestionado.*

- ¿Cómo puede uno renunciar a defenderse? Todos van a abusar de uno.

- *Si tú te sientes abusado en verdad estás jugando al juego del sistema, no es que te dejes o no te dejes, es cómo ves la situación. Cuando empiezas a ver las cosas de otra manera no vas a convertirte en un ermitaño solitario; al contrario, esto te da herramientas para moverte en el mundo sin pertenecer a él, sin seguir el juego del sistema. Te tomas todo menos en serio, te preocupas menos, gozas más. ¿Qué más podrías pedir en este manicomio?*

- Parece buen negocio. Aunque insisto, es más fácil decirlo que hacerlo. Renunciar a las riquezas, el sexo, la fama. No, no creo que te hagas popular con esas ideas.

- *Bueno, tienes razón, generalmente nos gusta que nos digan lo que queremos oír porque nos refuerza el sistema y es fácil para ambos. En verdad no se trata de hacerse popular. Aunque tampoco se trata de renunciar. No hay que renunciar a nada porque la renuncia implica sacrificio.*

- Si das algo, pierdes una cosa que quieres para alcanzar otra mejor.

- *Esto es una ilusión ya que somos perfectos y lo tenemos todo, no hay carencia en nuestra realidad. No se puede mejorar lo que es perfecto, no se puede perder algo cuando se es todo. La pérdida es otra estrategia del sistema para que renuncies a todo en pos de un poco. En verdad hay que renunciar a lo poco que nos da este sistema para poder reconocer que lo tenemos todo fuera de él.*

- ¿Y qué se puede dar sin perder?

- *Una idea por ejemplo, o el amor. Cuando los compartes se multiplican.*

El miedo es ausencia de Amor

- Hablando del amor, dicen que lo es todo, ¿tú qué piensas?

- *Si eso dicen, se dicen muchas cosas. Dicen que Dios es amor, que el amor mueve al mundo, que todos los problemas se solucionan cuando hay amor, en fin.*

- ¿Tú qué crees?

- *Ya sabes, en este mundo todo es relativo.*

- Sí, sí. Entonces crees que el amor es relativo.

- *En este sistema indudablemente lo es, basta echar un vistazo a las relaciones entre las parejas. Son un tira y afloje.*

- Es lógico, tenemos que ceder algo para que las cosas funcionen.

- *¿Todos queremos que el amor funcione, verdad?*

- En verdad, si el amor es todo por supuesto que todos queremos el amor.

- *¿Y por qué quieres tener amor?*

- Ya te lo dije, el amor es todo, ¿quién no quisiera tener todo? De esa manera sería feliz ¿o no?

- *Efectivamente. Aunque, ¿Conoces a alguien en este mundo que haya encontrado el amor y sea feliz?*

- Hmmm... en verdad ahora que lo dices, no. Pero tiene que haberlo.

- *No lo hay te lo aseguro.*

- Tal vez ahora no lo haya, los tiempos han cambiado y el mundo está de locura, pero debe haber en la historia muchos casos en que sí.

- *Te aseguro que no.*

- ¿Por qué estás tan seguro?

- *Porque este mundo se creó por la ausencia de amor y la ausencia de amor es miedo. Significa que no puedes pertenecer a este mundo y ser amor al mismo tiempo, es más ni siquiera*

puedes pertenecer a este mundo ya que no puedes dejar de ser
lo que eres, es decir: amor.

- Bueno, tampoco hay que ser tan extremista. Que los hay, los hay. Tal vez no sea un amor perfecto pero yo si conozco muchas parejas que están realmente enamoradas, yo lo he estado varias veces y claro hay miedo de perder la pareja si no se cuida. ¿Eso es parte del amor no?

- *Quizás nuestro desacuerdo esté en que estamos hablando de cosas distintas.*

- ¿Acaso hay diferentes tipos de amor?

- *No, el amor es uno, es solo que eso que comúnmente llamamos amor no lo es tal.*

- Entonces ¿cómo lo llamarías?

- *La mejor manera de llamarlo para mí sería una negociación.*

- ¿Qué? El amor, cuando es puro es desinteresado.

- *Efectivamente, aunque eso que llamamos amor no es puro y no es amor, es miedo.*

- ¿Miedo?

- *Si, lo que llamamos amor en verdad es miedo. Tenemos miedo y nos unimos a otros como estrategia para vencerlo, para sentirnos más seguros.*

- ¿Miedo de qué?

- *Has notado que generalmente nos invade un sentimiento incompletitud, nos falta algo, necesitamos algo. Ese estado de carencia se origina por nuestra creencia en la separación del todo, es decir cuando dejamos de sentirnos parte del todo surge el sentimiento de carencia. Esa carencia genera automáticamente miedo.*

- Tenemos necesidades es un hecho indiscutible, es solo que cuando satisfacemos las más básicas surgen las más elaboradas, es una escala, y es obvio que no queremos perder aquello que nos da seguridad y satisface nuestras necesidades.

- *Si, en este sistema eso parece funcionar así, pero en realidad no lo es. Aquí lo importante es partir de algo sólido. Siempre que queramos evaluar este sistema de pensamiento debemos hacerlo desde una posición neutral para poder ser objetivos. Recuerda siempre que no hay que perder de vista que estamos siendo influenciados por un sistema de pensamiento.*

- El hecho es que no lo vemos así, nos olvidamos hacerlo.

- *Cuando nos olvidamos caemos en argumentos que no son aplicables y cometeremos el error de dar por real aquello que no es.*

- Y entonces como.

- *Tratemos de mirar siempre desde arriba, sin apego. Cuando tienes miedo de perder algo estás afirmando que realmente puedes perderlo, es decir puedes tenerlo en un momento dado y, al siguiente, perderlo. Eso genera en el sistema unos mecanismos de defensa y ataque hacia todo aquello que quiera quitarte lo que tienes.*

- Y eso que tiene que ver con el amor.

- *Es el trasfondo de nuestras relaciones. En el fondo siempre hay el temor a perder algo y el deseo de ganar algo. Siempre se trata de ganar o perder. Cuando decimos amar en verdad estamos realizando un negocio, amamos a quienes nos aman ¿verdad? Es decir me das amor, entonces te doy amor. Yo quiero que tú me ames como yo te amo; si yo doy más que tú, entonces pierdo. Sacrifico mi libertad y la posibilidad de estar con otras personas para amarte a ti y tú tienes que hacer lo mismo por mí. Todas estas expresiones representan aquello que llamamos amor.*

- Tienes razón, no se ve muy bien pero así es.

- Todo esto no es para decirte que está bien o que está mal. Recuerda que queremos ser objetivos. El punto aquí es que visto bajo el cristal del sistema ilusorio eso funciona así, así es como se espera que funcione por lo tanto digamos que está funcionando bien, o mejor dicho está funcionando como debería. La cuestión es que este sistema no es real y si queremos evadir su influencia en nuestra forma de ver debemos empezar a pensar de otra manera.

- ¿De qué manera?

- Si fuéramos perfectos lo tendríamos todo ¿verdad?

- Verdad.

- ¿Si tenemos todo no necesitamos nada, verdad?

- Verdad.

- Si no necesitamos nada no podemos perder nada

- Verdad

- Entonces puedo amar sin temor a perder

- Verdad

- Ese es el amor incondicional.

- Verdad.

- Eres un completo imbécil.

- Verdad... ¿queee?... que dices Claro que no.

- Ja, ja, Solo me estaba asegurando que no estabas dormido respondiendo como una máquina.

La estrategia de la magia y la magia de la estrategia

- He pensado en tu idea y me parece entender que este mundo no es único, que existen varios mundos, ¿verdad?

- *Cuando examinamos nuestro sistema de pensamiento observamos que todo lo ve a través de construcciones o mapas, entonces, podríamos decir que sí, que cada persona ve el mundo de una manera algo particular y se podría decir también que es su propio mundo. En realidad es solo un submundo, un subsistema del sistema ilusorio, una pequeña variante. Digamos, en tus términos informáticos, una versión particular de un programa.*

Aunque viéndolo de forma global vemos que todas estas versiones son en esencia copias del sistema original con pequeñas variaciones. En esencia es lo mismo solo que con una capa de maquillaje que lo hace ver un poco diferente. Pero su base es la misma, lo que los hace a todos iguales. Así las cosas uno podría pensar que existen solo dos sistemas de pensamiento; el ilusorio y el real. No es así dado que un sistema ilusorio no es real, por tanto no existe.

- Bueno, es evidente que todos pensamos diferente aunque en una cosa estamos de acuerdo, este mundo es nuestra realidad, ¿todos estamos aquí no?

- *Mira, lo más curioso es que dentro del sistema ilusorio existe la creencia de que solo hay una única forma de ver las cosas y es la suya propia, por lo general es la forma particular de ver de cada uno, lo cual es parcialmente cierto como te decía. El caso es que en un sistema ilusorio basado en la percepción existen tantas formas de ver como personas perciban; por tanto existen igual número de "realidades ilusorias particulares". De hecho son en muchos aspectos similares y es lo que hace que nos parezca una sola.*

- Bueno, vivimos la era de la información y cada día el conocimiento es más accesible para todos, esto en cierta forma nos unifica.

- *Si, aunque el que todos compartamos una misma ilusión no la hace real. La educación y en general la sociedad y la cultura son sistema que tratan de homogeneizarlas, puesto que el hecho de que existan variaciones abre un peligroso agujero en su defensa y podría ser que ideas contrarias se filtren y cuestionen lo que denominamos "la forma de ver".*

- De hecho existen grandes pensadores que lo han cuestionado ¿no?

- *Si, pero fíjate cómo sus ideas se van perdiendo en el tiempo.*

- ¿Por qué es así? Debería ser a la inversa. ¿No deberíamos asombrarnos de descubrir que existe en verdad un mundo maravilloso que es todo lo contrario a éste?

- *Debería ser, aunque recuerda que estas ideas las vemos bajo la óptica del sistema ilusorio y de esta forma no parecen maravillosas; al contrario, se ven terriblemente amenazantes.*

- Pero si toda nuestra existencia las hemos buscado con tanto interés ¿por qué las descartamos?

- *El sistema tiene respuesta a esta amenaza. Como siempre es la más insólita y por eso no la vemos. Nos hace creer que una pequeña variación es una novedad, un descubrimiento y lo seguimos con la esperanza de encontrar la solución. Es un hecho palpable que nunca la encontramos.*

- No me parece. De hecho todos los días hay nuevos descubrimientos, nuevas teorías.

- *Parecieran novedosas, en el fondo son las mismas pues siguen estando en el dominio de lo ilusorio. Cambia la forma más no el contenido*

- Y si nunca encuentro solución ¿para qué busco?

- *Esta es una pregunta que se hace el sistema haciéndonos creer que en cierta forma vamos en contravía, que estamos haciendo algo innovador y de esa forma desvía nuestra atención a buscar una respuesta allí, en lo ilusorio.*

- Pero encuentra respuestas y eso me parece que está bien.

- *El problema no está en la respuesta que sino en la pregunta. Generalmente se cuestiona si la respuesta es buena o no y casi nunca cuestionamos si la pregunta era la correcta o no. La clave está en la pregunta, no en la respuesta.*

- ¿Y qué tiene de malo la pregunta?

- *El tipo de preguntas que nos hacemos generalmente nos lleva a respuestas que tienen sentido dentro del sistema ilusorio. Esa es su estrategia, que siempre hagas la pregunta equivocada y de esta forma mostrar que se está buscando en verdad, aunque con la certeza de que no encontrar algo que amenace su integridad.*

- ¿Cuál sería allí su estrategia?

- *Dado que no encuentras, el sistema propone una nueva pregunta equivocada y se lanza de nuevo en la búsqueda de una respuesta. Quien pregunta y quien responde es el mismo sistema entonces todas las preguntas y todas las respuestas están enmarcadas en un dominio de posibilidades que satisfacen las condiciones del sistema.*

- Es un sistema cerrado, nada entra y nada sale. Nada se crea y nada se destruye. Todo lo que hay es del sistema y se queda en el sistema.

- *Si, y recuerda también que estamos hablando de un sistema de pensamiento es decir todos los pensamientos de este sistema son producidos por el mismo sistema, para el mismo sistema, y por eso todas las soluciones satisfacen en últimas su propósito.*

- Cuál sería entonces una pregunta formulada correctamente.

- *Por norma general toda pregunta debe involucrar el cuestionamiento del sistema, es decir si este es real o no.*

- A mí me parece que recientemente la ciencia ha avanzado mucho y podría resolver estas dudas.

- *Vemos muchas nuevas teorías, se revelan aparentes secretos, surgen pensadores, gurúes, métodos, técnicas, soluciones en 7 pasos, en fin, aparentemente la solución a todos nuestros problemas. Pero viendo en retrospectiva siempre ha sido así. Recuerda que este conocimiento no es para nada nuevo. Es posible que algunas de esas soluciones sean en verdad soluciones, pero algunas son semillas que han caído en suelo no apto y, por tanto, son entendidas de forma diferente. Las enseñanzas son tergiversadas y acomodadas al sistema, ya sabes, la mente ajusta la información, la falsea modificando, adicionando o eliminando lo que no encuadra.*

- Si, entiendo lo que dices. Aparentemente los nativos americanos no vieron llegar las naves del viejo continente sino hasta tenerlas justo en frente. Dicen que como nunca habían visto algo semejante su cerebro simplemente descartó esa información.

- *Si, es muy probable que eso haya sucedido, es más, sucede a diario, es tan común que no nos percatamos. Nos asombramos ante algo que nunca hemos visto y nos hacemos los de la vista gorda ante algo que sucede todo el tiempo.*

- Todo está en la forma de ver.

- *Sí. La verdad puede estar allí, pero si tu sistema de pensamiento no puede asimilarlo dado que tiene que relacionarlo con algo del pasado y no lo encuentra, entonces inventa algo para asociarlo a ello falsamente, o modifica lo que está viendo para que se acomode a algo que conoce o simplemente lo desecha*

- Hace como que nunca lo vio.

- *Así funciona la mente bajo este sistema, algunas veces añade la información faltante; otras modifica la que no se ajusta y otras simplemente elimina lo que no le sirve. Por ejemplo, no te asombras cuando de pronto giras en una calle que no conoces y ves casas y cosas que nunca antes habías visto. Aunque puedan ser similares a otras casas y cosas, no son iguales, son algo totalmente nuevo. Para tu mente no lo es, puesto que lo convierte en "una casa más".*

- Ya veo, entonces la pregunta formulada correctamente nos sitúa en un punto en dónde vamos a decidir cuál sombrero vamos a usar, es decir con cuál sistema de pensamiento.

- *Exacto, la clave está en el punto de partida que define cual sistema de pensamiento se va a usar.*

- Es como nuestro primer trabajo, generalmente este define cuál va a ser el rumbo de nuestra carrera. Como cuando encontramos una bifurcación en un camino.

- *Si, tus analogías son muy acertadas. Fíjate que hay un punto en el camino en que parece dividirse. Cuando hay divisiones comienzan las decisiones. Es la primera decisión la que realmente define todo lo demás. Una vez se ha dado este paso, todo lo demás dependerá de él, será su efecto. Esta decisión está en el origen de todos nuestros pensamientos y no la vemos aunque la tomamos en cada instante. Es la decisión que tomamos en cada instante entre la realidad y el sistema ilusorio.*

- Lo bueno sería elegir siempre la realidad ¿verdad?

- *Cuando se elige la ilusión se elige el camino de los juicios y las decisiones. Cuando dices: "sería bueno", estás emitiendo un juicio, lo que significa que tienes un pie en el camino de los juicios*

¿verdad? Visto desde la bifurcación del camino, el sistema en si no es malo ni bueno, solo es irreal. Si lo juzgamos ya estamos adentro, lo estamos viendo desde el mismo sistema y estaremos viciados por su visión. Esta es una de las partes más difíciles de ver puesto que estamos "adentro", es decir que estamos siendo influenciados por un sistema de pensamiento y que nuestra visión está "coloreada".

- Pero si ya lo sabemos ¿por qué continuamos aquí?

- *La respuesta se puede leer en la misma pregunta. Si te fijas estás afirmando: "estamos aquí". Para ti es una realidad que estamos aquí. Esa es la gran ilusión, la que no podemos ver porque estamos adentro, nos parece real estar aquí. Si estuviéramos afuera la veríamos claramente pero parece que estamos adentro porque "lo creemos". La creencia de que es real es la estrategia de la magia y la magia de la estrategia.*

- Entonces no le veo salida. Cualquier cosa que haga o diga está coloreada por ese sistema ¿no?

- *Si. La clave es aprender a ver el sistema desde afuera, liberarse de su influjo para ver las cosas de otra manera y esto se logra si desde el primer momento tomamos la decisión correcta, la primera decisión de la que estamos hablando. Esta es la que nos hace el clic hacia un sistema u otro.*

- ¿Pero cómo diablos se hace?

- *No puedo decirte como exactamente, igual sería una respuesta desde el sistema pero no hay otra forma ¿verdad? Solo puedo decirte que es algo que se hace de instante en instante porque es así como estamos fabricando esta ilusión. Esa sería la forma acertada de vivir el presente.*

- ¿Significa que no es necesario el tiempo para que esto ocurra?

- *Exacto, es presente puro. Por eso no podemos estar en ambos sistemas al mismo tiempo. Cuando fabricas ilusiones dejas de ver realidades y cuando dejas de hacerlas vuelves a ver la realidad y dejas de ver ilusiones. Es como si quisieras verte en un espejo para descubrir cómo luces con los ojos cerrados. Si los cierras no te ves en el espejo y si los abres no te ves con los ojos cerrados.*

Ya veo que no veo

- Luchar contra el mundo es una de las estrategias del sistema. De esta forma otorga realidad a una ilusión ya que no se puede ir en contra de algo que no existe. La gran mayoría de las corrientes espirituales nos están indicando luchar contra algo, contra el miedo, la infelicidad, contra la escasez, contra la enfermedad, contra los sentimientos negativos etc. Sin embargo luchar hace que esta aparezca real en nuestra mente.

- Me parece que la razón de vivir es precisamente ser feliz ¿no? Y la mejor manera es luchar contra aquellas cosas que nos hacen infelices, como nuestras falsas creencias. La sicología hoy en día ha avanzado mucho y está ayudando a muchas personas con sus problemas ¿no?

- La sicología tradicional puede servirnos para sacarnos de un apuro mundano, nos ayuda parcialmente. Imagina la vida como una competencia automovilística. Suponte que en algún momento tienes problemas con tu auto y debes hacer una parada en pits y llega un mecánico experto que puede ayudarte. Él escucha los sonidos del motor, y te da un diagnóstico, unas instrucciones de lo que debes hacer para continuar. Puede que acierte, puede que no y algunas veces te ayuda a continuar de la mejor manera, te mantiene en competencia. Algo similar sucede con la sicología, te ayuda a continuar en la carrera, para que puedas ganar o al menos no pierdas todas tus competencias, aunque, ¿qué es lo que quieres realmente?: seguir toda tu vida dando vueltas en un "egodromo" o preferirías terminar la competencia y regresar a casa y descansar. Además, ¿te has fijado que en esa competencia nunca se llega a ningún lado? Solo se dan vueltas y vueltas sobre el mismo lugar.

- En verdad la vida si se parece a una carrera de autos. Es una competencia de principio a fin y hay un premio al ganador, que me imagino en este caso ha de ser la felicidad.

Sinceramente yo no quisiera dar vueltas por siempre, si bien no me disgustaría para nada ganar la carrera una que otra vez para variar. La sicología puede ayudar.

- *Y lo hace la mayoría de las veces, ayuda realmente a mejorar tu vivencia en el mundo, pero poco te ayuda a superarlo, a trascenderlo, en el peor de los casos fomenta tu creencia en su realidad. Y aquello de la felicidad si es muy relativo. ¿Acaso ves que el mundo es más feliz ahora que la sicología ha avanzado? Además nunca se gana en realidad*

- Ya se hacia dónde vas, quieres decir que el que entre la miel anda... Bueno en este sistema todo es relativo y la felicidad o al menos aquello que aquí llamamos felicidad también lo es ¿verdad? En cuanto al estado del mundo ahora que lo pienso no está mejor.

- *Si, aunque no es por culpa de la sicología. Ella trata de hacer más amable nuestra estadía en el mundo pero no nos ayuda a superarlo y aunque, sin proponérselo explícitamente, de cierta forma está ayudando a asignar realidad a la ilusión de nuestra falsa identidad ¿la coges? De otro lado que el mundo esté como está es en verdad el propósito del sistema. Así que visto desde el punto del sistema en verdad está bien porque así es como debería estar.*

- Suena extraño pero viéndolo bien, así debería ser ya que el sistema no quiere que superemos el sistema ¿verdad? Ahora, también están los famosos gurúes o maestros, muy de moda. Ellos dan consejos sobre cómo vivir mejor. Yo pienso que en cierto nivel ayudan o, en el peor de los casos, no hacen mal.

- *Efectivamente. Bien visto todo puede ser una ayuda. Lo que a unos nos parece tonto para otros puede ser lo que haga la diferencia. En realidad depende del estado de consciencia en que nos encontremos.*

- Lo sé, yo mismo lo he vivido. Cuando comencé a inquietarme por estas cosas leía libros que ahora me parecen vanos, pero que en su momento fueron la luz que iluminó mi camino. Un libro me fue llevando a otro, una persona a otra, una situación a otra. Cuando miro en retrospectiva pareciera que todo estuviera dispuesto así, como una búsqueda de pistas que cuando encuentras una, ella te da información para encontrar la siguiente.

- *Sí, igual pasa con los buenos libros. Cuando los lees encuentras ciertas cosas que te llevan a otros libros y así, un tiempo después; cuando los vuelves a leer te encuentras con un libro totalmente diferente, como si nunca lo hubieras leído. El libro es el mismo, el que ha cambiado eres tú.*

- Si, me sucede igual. Volviendo al tema, he leído mucho y eso tampoco me hace feliz aún.

- *No hay nada en este mundo que te pueda hacer feliz. Hay un cierto estado de bienestar al que comúnmente llamamos felicidad pero no es la felicidad. Como te decía, esta mal llamada felicidad es un artificio del sistema para que nunca desistas de buscarla. La estrategia está en hacernos creer que puede hacernos felices.*

- Entonces realmente no puedo ser feliz.

- *No puedes porque ya lo eres y eso es lo que trata de ocultar. Parece absurdo que quiera ocultarnos algo si ¿verdad? Es su estrategia y aunque no lo creas, las estrategias también tienen una estrategia para que no las veamos, y en este caso es ser tan absurda que nunca se nos ocurriría ni pensarla. ¿Genial no?*

- Ya veo que no lo veo, ja, ja.

- *La cuestión es que el sistema en verdad no puede hacernos felices y tiene que ocultarlo a toda costa.*

- De ser así lo dejaríamos inmediatamente ¿no?

- Sí.

- ¿Y entonces? qué pasa, qué estamos esperando...

- *¡Lo tengo! dice el sistema. Te ofrece un sustituto de la felicidad que puedas alcanzar, con la diferencia que, como todo en este sistema, es temporal, pasajero.*

- Lo sé, la felicidad viene y va constantemente.

- *El sistema no puede brindar cosas eternas. Como creemos que no somos felices buscamos como locos la famosa felicidad en las cosas materiales, en el amor, en el dinero, en las relaciones, en la fama, hasta en el dolor. El problema está resuelto. Mientras continúes en la búsqueda permaneces en el sistema, pero como no encuentras, entonces buscas más. Y lo más increíble es que **nunca la hemos perdido**, como cuando buscas las gafas por todos lados y en realidad las llevas puestas.*

- Parece increíble que une estrategia así funcione.

- *Y funciona, al igual que todas las demás.*

- ¡Hey! un momento... ¿cómo es eso de que nunca la hemos perdido?

- *¡Ah!, no estabas tan distraído como creí. Por un momento pensé que la dejarías caer. Bueno, sucede igual que con todo en este mundo, es un simulacro de la realidad. Muchas de las cosas que hacemos son pobres imitaciones, la felicidad incluida.*

- Dices que en la realidad somos felices pero aquí no.

- *El "aquí" que mencionas no existe. Si somos hijos de Dios somos perfectos y si somos perfectos somos eternamente Felices. Pero ojo, estamos soñando y esta Felicidad con mayúscula no es la misma felicidad del sistema. No está basada en escasez, por tanto no se puede conseguir, comprar, vender, ganar o perder.*

- Pero no soy feliz, ¿qué hago?

- *Dos cosas. Primero SI, eres feliz, no lo ves porque ahora lo miras a través del sistema ilusorio. Segundo, no puedes hacer nada porque no hay nada que hacer. Todo lo que hagas para conseguirla es lo que te ancla al sistema que te impide ver que eres Feliz.*

- Me cuesta trabajo creer que soy feliz y no puedo verlo.

- *Créelo y lo veras. Si no lo crees no lo veras. Es un sistema de creencias ¿recuerdas?*

Esto no sirve para nada

- Lo que me dices es muy interesante la verdad, aunque ¿de qué me sirve todo esto para la vida?

- *Esto no sirve para nada.*

- Queee? ¿Y entonces?

- *No sirve para la vida porque precisamente se trata de superar la vida, es decir, no la alimenta, no la fortalece, no sigue su juego. Podría decirse que sirve "en" la vida mas no "para" la vida*

- No entendí.

- *La vida es un sueño. Si vives "para" el sueño no pasa nada, solo sigues soñando; pero si vives "en" la vida para despertar puedes despertar. El propósito es que no sirva "para" sino "en" la vida. Veras no estoy diciendo que niegues el mundo y todo lo que está implicado porque creas o porque esperes obtener algo mejor, es decir la felicidad, el dinero, etc. Eso son cosas del mundo que se obtienen aceptando y siguiendo el juego del mundo. De nada sirve negar los sucesos de este mundo, las personas, las cosas, etc. Es cierto que son una ilusión aunque negarla cuando creemos que estamos aquí no funciona como una forma de ver la realidad. Es como una película. De nada sirve negar que el villano no sea real sino solo una proyección de la película; o negar que las balas que le disparan al protagonista sean verdaderas. La única forma de salir del cine es negar toda la película, es decir ser consciente de que estamos en una sala de cine y que nada de lo que vemos en la pantalla es real y podemos entonces abandonarla sin temor alguno.*

- Pero no me va a hacer feliz ¿verdad?

- *No, realmente no te hace feliz. Solo te hace ver que no necesitas ser feliz porque siempre lo fuiste, aún lo eres y no vas a querer luchar por algo que ya tienes ¿verdad?*

- No, aunque no veo que sea feliz ahora.

- *Es lo que te digo, no ves. Es simple, en este mundo no eres feliz y no puedes serlo porque este mundo para funcionar tiene que negar la felicidad ya que es un sistema de opuestos, dual. Eres feliz, solo que crees que eres infeliz, así funciona, así es como nos pone a funcionar.*

- Pero sigo aquí.

- *Seguimos aquí, si pero podemos estar sin ser.*

- ¿Estar sin ser?

- *Si una cosa es ser y otra es estar. Podemos pasar por la vida sin identificarnos con ella, pasar por las situaciones sin creer que es a nosotros a quienes nos está pasando.*

- ¿Significa que si estoy teniendo sexo maravilloso debo decir que no me está pasando? No le veo la gracia.

- *Todo placer trae sufrimiento y eso sí que no tiene gracia. La ilusión es como las películas de terror, tienen gracia solo porque somos masoquistas. La estrategia está en que creemos que esto es lo que hay y solo podemos hacer lo que podamos con esto. Creemos tan firmemente en la realidad del mundo que lo vemos como "todo" y nos conformamos con ese poco. No vemos que tenemos TODO, como la historia del mendigo que pedía limosnas sentado en un viejo baúl. Un día alguien que pasó por allí, no le dio limosna sino que le instó a mirar su contenido. Aunque toda su vida lo había tenido nunca había mirado dentro de él. Un día miró y se encontró un tesoro. Estuvo sentado sobre su riqueza todo el tiempo. Por supuesto que nunca más volvió a pedir limosna. Sucede lo mismo cuando miras dentro de ti.*

- ¿Entonces está mal que sea feliz en este mundo?

- *No se trata de que esté bien o mal que seas feliz con las cosas del mundo, suponiendo que tal cosa fuera posible, lo cual no es. Recuerda que se trata de si es real o no. Puedes lograr cualquier cosa en este mundo con solo desearlo, puedes hacer lo que quieras porque tú construiste este mundo, lo hacemos en este instante, pero lo que fabriques será de este mundo, es decir no será real.*

- Bueno, yo digo que quiero ser millonario en este instante. Pero no ha pasado nada, sigo igual.

- *Te dije que era posible, no que fuera fácil, ja, ja. Mentiras, en verdad es fácil aunque no nos lo parece debido a nuestra fuerte identificación con este mundo. Cuando dices "quiero" estás expresando un deseo, algo que no tienes y quisieras tener ¿verdad?*

- Obvio, no soy millonario, si fuera millonario no desearía serlo. En ese caso desearía serlo más, ja, ja.

- *De esa forma estás afirmando que no lo eres y estás creando el mundo en el que no lo eres, o sea este mundo. Y ya está, lo hiciste de nuevo, ¡Lograste ser el "no millonario" que crees ser!*

- ¿Significa que yo creo todo lo que quiero y también lo que no quiero?

- *Exactamente, todo lo que ves en el mundo tú lo has creado, es tu mundo.*

- Aunque, ¿por qué querría alguien crear algo que le hace infeliz?

- *Lo que sucede es que no somos conscientes de nuestras creaciones.*

- Es increíble que algo tan importante pase desapercibido. ¿Cómo hago para ser consciente de ellas?

- *Todo lo que creas no es más que el resultado de tus pensamientos. Si observas detenidamente tus emociones y logras ver los pensamientos que hay detrás de ellas encontraras el origen de tus creaciones.*

- ¿O sea que si cambio mis pensamientos puedo cambiar mi realidad?

- *Sí. No es fácil pero así es y es debido a que los pensamientos no están aislados, están tejidos en una red compleja y de allí que cambiarlos no sea una cuestión de solo decirlo.*

- Son un sistema, me lo has dicho. Lo esperanzador es que se puede cambiar.

- *Si y el primer paso es la observación. Generalmente damos todo por sentado, asumimos que las cosas nos vienen de afuera y que solo si actuamos hacia afuera podemos cambiarlas.*

- Es todo lo contrario por lo que veo, solo si cambiamos nuestros pensamientos podremos cambiar el mundo.

- *Algo así, aunque una mejor manera de expresarlo sería decir que cambiando nuestros pensamientos creamos diferentes mundos.*

- Bueno pero ¿esos mundos que creamos son reales o ilusorios?

- *Pensamientos reales crean mundos reales y pensamientos ilusorios crean mundos ilusorios.*

- Ya veo, ¿y para que querría uno crear pensamientos ilusorios, o lo que es lo mismo mundos ilusorios?

- *No tiene sentido ¿verdad? Podemos jugar a crear mundos todo el tiempo que queramos, es más, el tiempo mismo es una creación ilusoria así que poco o nada estamos haciendo en realidad.*

- Y entonces ¿cómo le hago para tener solo pensamientos reales?

- *No hay que hacer nada ya te lo he dicho, solo deja de hacer pensamientos ilusorios. Crear realidad es nuestra esencia, no podemos dejar de hacerlo a menos que dejemos de ser lo cual es imposible.*

- Y que tiene de malo hacer ilusiones si son buenas y no hacen daño a nadie.

- No se trata de que sea algo bueno o malo, recuerda que estos criterios pertenecen al mundo ilusorio, es un pensamiento ilusorio que crea mundos ilusorios. La cuestión es si son reales o no. Es lo único que importa.

- ¿Pero hacerlos no me hace daño verdad?

- Nada puede hacernos daño, recuerda.

- Está bien, pero dado que no es fácil dejar de hacerlos es mejor crear aquellos mundos que nos acerquen a la realidad, es decir los felices, antes que aquellos que nos alejan es decir de sufrimiento.

- ¡Perfecto!

La forma cambia la forma

- Aun no he logrado captar como es que funciona un sistema de pensamiento ilusorio.

- A ver. El sistema ilusorio se puede comparar con un programa de computador, un juego. El computador simula una realidad y unos personajes que interactúan en esta realidad virtual. La diferencia es que en la vida te identificas de tal manera con la realidad simulada y con los personajes que te olvidas que no son reales y los asumimos como la realidad. En los juegos, aunque sintamos miedo, dolor, esperanza, alegrías, etc. sabemos que al final no es real y podemos en algún momento "desconectarnos", entrar y salir a voluntad. Esta voluntad parece haberse perdido en el juego de la vida que llamamos el mundo, pero solo se ha perdido, es decir existe aunque no la podemos encontrar, aunque existe la posibilidad. Ese es el "trabajo". Encontrar esta salida.

- Aunque el mundo no es un juego.

- Nos parece que no porque lo vemos como algo definitivo, total, es todo lo que hay. Nos parece que sin eso no tendríamos nada, es decir lo tomamos en serio.

- ¿Y no es así?

- No, todo lo contrario, el mundo es una parcela muy pequeña, un lugar apartado y tenebroso que hemos inventado dejando de lado todo lo demás.

- Y por qué habríamos de hacer algo tan tonto.

- En verdad no lo hicimos, no es posible, solo es ilusión. Esa es la dificultad cuando se aborda esta situación desde el sistema mismo que la produce y de allí la dificultad para salir de ella pues siempre se ve como real y nunca pensamos verla como irreal.

- ¿Cómo sucedió?

- Un cambio en nuestra forma de ver empezó a interpretar a su manera la realidad haciendo que la viéramos de una forma

que no es. Una vez se cambia la forma de ver no hay forma de ver la antigua forma de ver, ¿entiendes?

- ¿Lo que dices es que la forma cambia la forma de forma que no hay forma?

- *Ja, ja, si, está muy enredado. La idea es que todo depende de la visión. Cuando la visión cambia todo se ve diferente y de esa manera aquello que veías antes ya no se ve, solo lo que ves ahora, no hay vuelta atrás a menos que cambies de nuevo tu "visión".*

- Aja, es similar a lo que llamamos en términos de programación de computadores un loop, un ciclo cerrado en sí mismo y la única forma de salir es que de dejen de cumplirse las condiciones que lo mantienen.

- *Exacto, no podría decirse de una forma mejor, eso es exactamente lo que nos sucede con el sistema ilusorio, es como un ciclo cerrado. La condición que lo mantiene es nuestra decisión a cerca de su realidad y la forma de romperlo es cambiar esta condición, es decir cambiar nuestra decisión sobre su realidad.*

- ¿Cómo?, si somos parte del juego, un programa no puede cambiarse a sí mismo a menos que esté programado para ello y no creo que este sea el caso con el sistema ilusorio.

- *Es cierto, aunque te olvidas de algo: tú no eres el personaje del juego sino el programador. Aquí es donde entra en juego la identificación como uno de las estrategias más poderosas del sistema pues ella se encarga de ocultar totalmente tu verdadera identidad haciéndonos creer que somos el personaje. De esta forma no vemos escapatoria. Es una ilusión creer que somos parte de juego y no lo somos; estamos jugando el juego. Dado que la creencia es tan completa y el sistema tan perfecto deja muy poca posibilidad.*

- Tiene que haber alguna forma ¿no?

- Una forma podría ser tratar de vivir en lo posible como si estuviésemos en un juego. Eso no significa irresponsablemente, al contrario, cuando juegas eres quizás más responsable que en la vida diaria, es simplemente que tratas de ser consciente de que las cosas no son tan definitivas y disfrutas más, perdonas más fácilmente al saber que los otros son también personajes del juego y olvidas más fácilmente los problemas. Además cuando se ve como un juego, somos más creativos y todos nos parece un desafío fascinante que nos reta a superarlo y avanzar.

Revocar el tiempo
toma tiempo

- Eso de que somos perfectos no termina por convencerme del todo ¿sabes?

- *Es curioso porque a mí tampoco.*

- ¿Cómo? eres tú el que me lo está diciendo.

- *Por eso, si me lo creyera del todo no estaría aquí diciéndotelo.*

- ¿De qué sirve entonces saber todo esto?

- *De nada realmente.*

- ¿Queee? ¿Entonces por qué me lo dices?

- *Porque es verdad.*

- Entonces saber la verdad tampoco me sirve.

- *No te desesperes, siempre la hemos sabido, es solo que no la aceptamos plenamente. No basta con escucharla o con leerla o repetirla como mantra, hay que aceptarla. De otra forma solo es una construcción más en la mente, en este estado, es todo lo que podemos hacer. Igual sucede con la perfección, la sabiduría, la invulnerabilidad y todos los dones de Dios a sus hijos.*

- ¿No hay nada que se pueda hacer?

- *Pedir ayuda.*

- ¿A quién?, todos estamos aquí ¿no?

- *No todos, Dios por ejemplo no está aquí.*

- Bueno, eso sí sería el colmo, estaríamos perdidos sin remedio.

- *Exacto, solo que Dios no sabe nada de este mundo, ¿recuerdas?*

- ¡Nooo!, Otra vez has derrumbado mis esperanzas.

- *Aunque, ¿no crees que algo de nosotros debe haber quedado allá afuera?*

- Tienes razón, no lo había pensado, si como dices esto es un sueño y yo en verdad no estoy aquí, entonces yo realmente estoy allá. ¿Puedo pedir ayuda a mí mismo?

- *Si. Digamos que una parte nuestra esta allá tratando de despertarnos. Como nos es muy difícil aceptar que no estamos aquí sino allá, aunque muy en nuestro interior lo sabemos, optamos por creer que ese alguien allá no es nosotros. Entonces pensamos que es otro. A veces la llamamos ángeles, santos, Buda, Jesús, etc.*

- ¡Eureka! Esa es la solución, solo alguien que esté fuera puede ayudarnos.

- *Puede ayudarnos si aceptamos su ayuda.*

- Ya decía yo que tanta dicha no podía ser cierta, ja, ja

- *Bueno, el sistema siempre se opone, así que....era de esperarse.*

- Yo quiero que me ayuden.

- *Eso es un comienzo, y es quizás lo más importante, querer. Pero no basta, hay que hacer la tarea.*

- ¿Cómo? ¿Eso qué significa?

- *Hay que "trabajar". Es nuestra mente, nuestra forma de ver. Tenemos albedrio, esto significa que nada puede violar nuestra voluntad. Creer que estamos aquí es nuestra voluntad, esta ilusión es nuestra voluntad y ni siquiera Dios puede violarla porque estaría violando la suya de crearnos a imagen y semejanza. Así que fue nuestra decisión "creer" y será nuestra decisión "no creer".*

- Ahora que me hablas de todo esto siento que yo también quiero salir.

- *Ya somos dos.*

- Eso no me alienta, es como un ciego guiando a otro ciego, ja, ja.

- *Es todo lo que hay, y bueno... mucho trabajo.*

- ¿Cómo?

- *Esta ilusión es una decisión ¿verdad? Entonces debemos tomar otra decisión.*

- Esa decisión que mencionas ya está tomada hace mucho tiempo y según la religión no hay nada que hacer. Todo fue culpa de Adán y Eva ¿no?

- *No, esa es otra de las trampas del sistema. En verdad esa decisión se toma en cada instante. Es algo tan recóndito en nuestra mente, tan olvidado, que no prestamos atención al momento de hacerlo. Sin embargo es una decisión que hay que tomar para que este mundo de ilusión permanezca en nuestra mente y dado que no es real hay que tomarla de nuevo y de nuevo y de nuevo; es decir esta ilusión hay que rehacerla cada vez y eso es lo que crea la ilusión de tiempo y espacio en nuestra mente.*

- Si estamos creando esta ilusión en cada instante significa que cosas como el pasado no existen.

- *Exacto, nos parece que fue una decisión que tomamos hace mucho tiempo, que fue en la época de Adán y Eva cuando nos equivocamos y fuimos castigados. No, esto es una fábula que esconde nuestra toma de decisión instante a instante y la traslada al pasado donde creemos que no podemos hacer nada. Todo está sucediendo ahora, en este instante porque no hay otro. Lo paradójico es que no está sucediendo nada.*

- ¿Cómo así?

- *Lo que crea la ilusión de que algo pasa es el tiempo. Para que algo pase es necesario que algo cambie y para que podamos ver algún cambio es necesario que exista el tiempo y la memoria para poder comparar dos estados y decidir si ha cambiado o no, y si no hay tiempo...*

- Significa que si el tiempo no existe entonces nada ha pasado.

- Si, solo son imágenes en la mente y lo mismo podría decirse de que hayamos sido castigados por el pecado de Adán y Eva pues en realidad no sucedió nada. La decisión se toma ahora y es por eso que solo podemos modificarla ahora.

- ¿Y cómo?

- Ese es el trabajo. En verdad es simple aunque no es fácil con nuestra visión de la realidad. Es por eso que la ayuda está disponible y sin ella nada es posible. Primero que todo hay que estar consciente de que es una decisión, nuestra decisión. Cada vez que sentimos que no somos felices es porque hemos tomado la decisión equivocada.

- Lo sé, lo sé, lo he vivido más seguido de lo que quisiera.

- Ojo, que esa felicidad no es aquella que satisface los mandatos y normas del sistema, es decir aquella que satisface tus deseos y necesidades. Estamos hablando de una felicidad plena, un estado de ser sin miedo, de invulnerabilidad, de perfección.

- Bueno, esa si nunca la he sentido que yo recuerde.

- No la recuerdas aunque ese es nuestro estado natural, nuestra esencia. Bueno, si no te sientes así ahora es porque has tomado de nuevo la decisión equivocada.

- Si, lo veo. Si soy consciente de que acabo de tomar una decisión y que está equivocada, puedo tomar otra decisión ¿verdad?

- Verdad, ahí está el punto clave. Ser consciente de instante en instante de que podemos cambiar nuestra decisión porque es nuestra y no de nadie externo. No somos llamas a merced del viento.

- ¿Y entonces?

- Esto produce una especie de corto circuito en nuestra mente, una "pausa" a nuestro computador. En ese lapso pido la ayuda. Esta llegará indefectiblemente y lo más importante, no interferir

para no involucrar mi visión distorsionada y desperdiciar la ayuda brindada.

- Si, aunque mi sistema se reiniciará en poco tiempo y todo volverá a ser lo mismo. Igual no habré logrado nada.

- *Aparentemente, aunque si somos conscientes de nuestra decisión con mayor frecuencia, las pausas serán cada vez más prolongadas y habituales y la visión se irá aclarando poco a poco.*

- Parece simple.

- *Si, parece y lo es. Aunque no te engañes, es otra estrategia del sistema. A veces despreciamos lo simple por lo complejo. Ahora, dado que esta decisión produce el mundo, no tomarla entonces no produce ningún mundo ¿ves? Generalmente nos ocupamos de miles de decisiones que de alguna u otra manera pretenden hacernos la vida mejor. Nos empeñamos en tratar de descifrar cómo funciona el sistema para evitar el sufrimiento o corregir conductas que llamamos "inadecuadas". Solo somos agentes de este actuando sobre él, por lo tanto perpetuándolo, mientras la decisión que da origen a todos los problemas permanece intocable.*

No soy vulnerable

- No basta con decir "no soy vulnerable" o "soy perfecto" o "el mundo no es real" porque lo leímos en algún lado y nos pareció interesante. Es muy fácil creer que el sistema es tonto y que va a ser así de simple. No, aquí caemos todos, repetimos como un mantra "no soy vulnerable" con la esperanza de que tanto repetirlo seamos capaces de serlo.

- Si es algo que está en nuestra mente entonces podemos cambiarlo si nos "reprogramamos", se conoce como programación neurolingüística.

- El error está en creer que es algo que hay que lograr cuando en realidad nunca hemos dejado de ser invulnerables por tanto no hay nada que debamos lograr. Mientras creamos que no lo somos, el sistema continúa con el control. Inicialmente lo decimos con la ilusión de que es simple y va a funcionar y por supuesto que no funciona. Si nos paramos en la mitad de la autopista diciendo "soy invulnerable" te aseguro que no vas a tener que esperar mucho para ver a san Pedro en el cielo.

- Ya veo, entonces aunque es cierto que podemos cambiar nuestra mente generalmente no cambiamos lo que es realmente importante, solo la forma y no el contenido ¿verdad?

- Si, pensamos que el problema es la forma y que debemos convencernos de ello a fuerza de repeticiones, de allí que lo decimos una y otra vez con la esperanza de que se haga verdad en cualquier momento. Esta estrategia se nos hace un poco más laboriosa ya que requiere de un mayor esfuerzo y eso nos hace creer que tanto esfuerzo merece una recompensa ¿verdad? Bueno, pues no, tampoco funciona. El sistema tiene como estas, otras tantas estrategias para cumplir su propósito real.

- ¿Y por qué no funciona?

- *Porque siempre está involucrado el propósito del sistema. Puedes reprogramarte un millón de veces pero si no cambias el propósito no has logrado nada.*

- Entonces el propósito es el contenido ¿verdad?, es decir que en el fondo lo que pretende es hacernos creer que necesitamos cambiar.

- *¡Exacto! Y la única forma de que funcione realmente es que te des cuenta de que no necesitas hacerte invulnerable porque ya lo eres, ese es el contenido. Fíjate que los grandes maestros siempre dicen "yo soy" nunca dicen "yo seré". Si se parte de la idea de que no soy y de que algún método me llevará a serlo estoy funcionando como el sistema ilusorio quiere.*

- Debe existir alguna forma, algo que se pueda hacer.

- *Si, la única forma es engañar al sistema usando el sistema mismo. Esto es algo que él no puede resistir fácilmente, entonces apela al factor "tiempo". Te dice: "puede funcionar pero te tomara tiempo, mucho tiempo, muchas vidas incluso".*

- Es fácil desistir ante tal alternativa.

- *Lo cierto es que no toma tiempo dado que este es también una ilusión más. Paradójicamente comprender esto toma tiempo, significa que revocar el tiempo toma tiempo, ja, ja.*

- ¿No es lo mismo que repetir y repetir lo mismo una y otra vez con la esperanza de que voy a cambiar con el tiempo?

- *No, se parece más a la estrategia de la gota de agua que rompe la roca. Aunque suena como la estrategia de repetir; la diferencia es el objetivo desde el que se parte.*

- ¿Y cuál es el objetivo de esta nueva estrategia?

- *Que no se hace desde la esperanza de cambiar, de transformarse en algo nuevo, diferente a lo que creemos que somos, sino que se parte de la consciencia de que ya somos eso y que siempre fuimos. Eso hace un mundo de diferencia.*

- No partir de la creencia de que soy imperfecto y debo volverme perfecto.

Exacto, partimos de que somos perfectos y quitamos todo aquello que no nos lo deja ver.

Sin esperanza hay esperanza.

- ¡Estoy feliz!

- *Eso veo. ¿Qué ha sucedido?*

- En realidad nada en particular, es uno de esos días en que uno se siente bien sin una razón aparente. Espero que no me la vas a arruinar con tus comentarios.

- *Al contrario, es más, no podría hacerlo aunque me lo propusiera.*

- ¿Ves? Lo estás haciendo de nuevo, ya me estás haciendo dudar.

- *¿Yo? Solo te dije que no podía dañar tu felicidad aunque quisiera.*

- Si, aunque lo dices porque sabes que inmediatamente voy a ver si puedes o no realmente, me retas y eso no puedo evitarlo.

- *Hay que evaluar las ideas de vez en cuando.*

- En verdad que si puedes arruinar mi felicidad. Ya estoy otra vez pensando, ja, ja.

- *Es bueno pensar. Dar las cosas por hechas es lo que mantiene al sistema activo, intacto. Además si dices que puedo alterar tu felicidad es porque ella depende de algo externo a ti.*

- Si, es un hecho.

- *Pareciera que es algo muy frágil, débil, casi efímero.*

- Sí.

- *¿Por qué quieres algo así?*

- Porque es efímero, y por eso me esmero en conseguirlo, sobre todo en conservarlo. Sabes que es complicado. Por un lado para que se dé tal felicidad se requiere que sucedan muchas cosas y, por otro, cuando suceden al fin, se hace necesario que estas cosas no dejen de suceder y al mismo tiempo que no sucedan otras cosas que la puedan echar a perder.

- *Si lo sé, yo también estoy en el vecindario, aunque eso de la felicidad siempre me ha parecido lo más tonto.*

- Lo es cuando se mira su fragilidad y lo efímero como tú lo llamas, pues siempre dura poco y nunca faltan desocupados como tú que nos la echan a perder, ja, ja.

- *No era mi intención, hacerte perder tu famosa "felicidad", disculpa.*

- Si, admito que es algo efímero, aunque se siente delicioso o ¿no?

- *No es más que un simple paliativo, el sentimiento de carencia volverá más pronto de lo que crees. Al final de qué sirve algo que nunca te remedia la situación.*

- Siempre tenemos la esperanza de que a la próxima si, de que al fin lo alcanzaremos.

- *Entonces la esperanza es lo primero que debe perderse para recobrar la felicidad.*

- ¿Cómo? Si pierdes la esperanza no te queda nada.

- *Exacto, a veces hay que perderlo todo para darse cuenta de que hay más. "Vende todo lo que tienes...". Dice Jesús.*

- ¿Sin esperanza hay esperanza?

- *Si, a veces hay que perderlo todo para darse cuenta de que en realidad lo que has perdido no era nada. Aunque perderlo todo no es garantía de que veas las cosas de otra manera.*

- Cuando uno pierde todo no tiene más a donde ir, has tocado fondo no hay nada que perder, en adelante todo es ganancia.

- *Podría ser, aunque generalmente reemprendemos el camino de regreso, es decir volvemos al mundo solo que con diferentes expectativas.*

- ¿De eso se trata no?

- No, solo cambian de sueño pero aún están dormidos. Es como llegar al final del camino, ver una puerta de salida y devolverse por un nuevo camino. Puede que el camino sea diferente, puede que ahora si cumpla las expectativas que se tiene de él aunque no ha cruzado aun la puerta. Nos pasa todo el tiempo.

- Lo haces ver triste y desconsolador.

- *La puerta sigue allí, y es más, ¡está abierta!*

- Entonces ¿por qué regresamos?

- *¡Porque no se ha perdido la esperanza! Sigue allí diciéndote que el mundo aún tiene algo para ti si te regresas por ese nuevo camino. Te dice que no cruces la puerta porque perderás lo único que te queda: la esperanza. Y sin darte cuenta, ¡zas! Ya estás de vuelta.*

- La puerta es la decisión ¿verdad?

- *Si, cruzarla significa decidir por lo real; regresarse es decidir por la ilusión.*

- ¡Chanfle!

No hacer nada es hacerlo todo

- Cuando estoy enfermo o sufriendo percibo que es algo muy real para mí, por más que me diga "eso no es real, eso no es real" no funciona, sigo igual de enojado, igual de preocupado, igual de enfermo. No sé, parece que decirlo simplemente no cambia nada.

- *Es difícil verlo en el momento en que está sucediendo precisamente porque nos parece que está sucediendo. Fíjate que en tu argumento. Afirmas: "sigo igual de enojado". Esto significa que crees estar enojado*

- Lo estoy, es un hecho, lo siento, veo todos los síntomas en mi cuerpo, mis pensamientos, todo indica que efectivamente lo estoy.

- *Asumes que lo estás porque lo das por hecho, no lo cuestionas, así como no cuestionas si está lloviendo o está de día porque puedes sentirlo y en este caso lo que estás dando por hecho son tus sentidos, crees que son reales, que el mundo externo es real y que estás interactuando.*

- Cómo puedo dudar de un hecho tan contundente.

- *En primer lugar déjame decirte que dada nuestra estrecha identificación con el ser del sueño, es extremadamente difícil romper esa unión pues el sistema intentará por todos los lados distraer la atención y desviar los pensamientos de nuevo a la corriente de la vida.*

- Lo sé, tan pronto intentas cambiar tu forma de ver, el sistema te asalta con miles de preguntas y dudas.

- *Ver de otra manera no va a suceder inmediatamente, aunque así es como sucede, de un momento a otro. Te explico. ¿Recuerdas aquellos dibujos que llamaban ojo mágico? Unas figuras que a simple vista solo era un montón de colores sin forma. Alguien nos aseguraba que si sabíamos mirar veríamos algo, lo intentamos y nada, torcemos los ojos, los achicamos, enfocamos, desenfocamos y nada. Nuestra primera reacción es abandonarlo. Si nos insisten volveremos a intentarlo. Luego de un tiempo haces algo que aún no sabes que es y de pronto aparece la imagen en tercera dimensión, casi al instante se va aunque ya estás al otro lado, ya sabes que se puede, que es solo cuestión de volver a dar con aquello que te hizo ver diferente.*

- Si, aunque cuando te duele importa un carajo toda esa teoría.

- *Es cierto, de nada sirve atormentar a una persona que esta atenazada por el miedo ya que ello sería contraproducente, causaría más miedo del que queremos erradicar. El sistema se siente amenazado y ataca a la persona que quiere ayudar.*

- Algo hay que hacer ¿no?

- *A veces no se puede hacer nada aunque no hacer nada es hacerlo todo. El ejemplo es el mejor maestro. No responder a un ataque lo desarma en primera instancia pues lo hace parecer inefectivo en vista de que no se recibió otro ataque en reacción. Esto podría llevar a la otra persona a revaluar su decisión. En otros casos; como la enfermedad física o un accidente, es mejor acudir a la medicina y a la ciencia. Ellos no pueden sanar aunque si pueden aliviar el temor dándole fe en la capacidad curativa de esta.*

- No hay mucho de donde escoger.

- *Verdad, a veces son pocas; sin embargo siempre queda la verdad, ella nunca dejará de ser la única alternativa. La vida misma nos brinda miles de oportunidades. Si es cierto que todo problema es una oportunidad entonces con este mundo tenemos una inmensa oportunidad.*

- Ja, ja, viéndolo así. Otra forma de verlo sería que solo existe un solo problema a resolver, la cuestión de la realidad del sistema y por tanto existe una única solución.

- De esa manera podemos centrar toda nuestra atención en la solución y no desviarnos en las múltiples distracciones de la vida, es decir solucionando una cantidad de cuestiones que nada tienen que ver con la realidad.

- Pero esa es la vida en donde estamos y si no resolvemos esos asuntos, simplemente no comemos, no pagamos facturas, salud, vivienda, etc.

- Hay que hacerlo, es verdad. La diferencia radica en que puedes hacerlo sin decirle "yo" o "mi" a todos los problemas como si te estuvieran realmente sucediendo a Ti.

- Volvemos a la identificación, ese parece ser el meollo del asunto.

- Sí, es una forma de ver las cosas.

- Es decir, si cambiamos la forma de ver cambiamos la identificación y resueltos todos los problemas.

- Sí, como tú dices: un solo problema una sola solución. En verdad **"los problemas del mundo"** no se solucionan con modificar la forma de ver, esa es una confusión fatal, una estrategia genial del sistema que nos trae de vuelta sin darnos siquiera cuenta. El truco consiste en hacernos creer que si seguimos este camino espiritual, si descubrimos el secreto, solucionaremos nuestros problemas de este mundo. No se trata de solucionar los problemas del mundo porque el hecho de querer solucionarlos nos coloca en un estado mental en que se acepta que debemos solucionarlos porque son reales. El solo hecho de verlos como problemas ya nos atrapa. ¿Por qué se venden millones de libros de autoayuda?

- Porque alimentan nuestro deseo de solucionar los problemas del mundo y nos da la esperanza de que se pueden solucionar, de que podemos alcanzar la zanahoria atada al palo.

- ¡Exacto! Y de hecho algunas veces lo logra momentáneamente. *En un mundo que cambia constantemente te aseguro que esa solución no estará vigente mucho tiempo. Te digo, de nada sirve solucionar un problema del mundo. Que lo logres no tiene importancia a la luz de la realidad. Visto así es mejor que no se solucionen ya que una persona exitosa tiene muchas menos posibilidades de dudar de esta ilusión que alguien que haya fracasado.*

- Sí, la riqueza material es el reflejo de tener éxito en el mundo. Aunque ser abundante se siente delicioso ¿verdad?

- *Si ser abundante es maravilloso porque es un don que Dios nos ha dado.*

- Aunque dicen que más fácil pasa un camello por el ojo de una aguja que un rico al reino de Dios.

- *La riqueza a la que aquí se refiere es al apego al mundo.*

- Fue entendida como que la abundancia es mala: no quieras ser rico pues irás al infierno y es mejor que seas pobre, dame tus riquezas yo te salvaré.

- *El error no está en la abundancia sino en la identificación con el mundo, en buscar la riqueza como símbolo de la realidad del mundo. Cuando las cosas funcionan en el mundo estamos felices y nos sentimos identificados con él plenamente. Esto es lo nuestro, decimos, solo se necesita más de lo mismo, ¡me gusta! Y cuando no, odiamos el mundo porque sufrimos, porque nos duele, no quiero esto, debo liberarme, me hace daño y ¡no me gusta! Ambas traducen: ¡el mundo es real!*

- Lo veo, la cuestión no está en tener o no tener pues ambas son dos caras de la misma moneda, ambas me hacen identificar con la ilusión

- ¡Exacto! Esa es la forma de ver.

Todos los todos son todo

- ¿Sabes? De verdad que es muy difícil aceptar que este mundo no es real, no puedo renunciar a él por más que intento.

- *No hay que renunciar a nada. Negar esta ilusión como algo que no significa nada sería como negar el poder creativo de la mente. El mundo no hay que negarlo. Al negarlo afirmamos su realidad ya que solo puedes negar algo que crees que existe y entonces lo puedes negar. Simplemente hay que superar la creencia de su realidad. Recuerda, la estrategia del sistema no está en hacer perfecta la ilusión ya que de por sí parece muy real y por más que te esfuerces no le verás ninguna falla. El truco realmente está en la identificación. Una vez nos identificamos, le resulta pan comido.*

- Tiene sentido, este mundo parece muy real. A veces dudo y me digo: ¿Y si este mundo no fuera real, si tan solo fuese un sueño? No es suficiente, ¿seguimos aquí, no?

- *La idea de que nuestro mundo no es real es algo que nos aterroriza a tal punto que preferimos no pensarlo.*

- Quizás es porque pensamos que este mundo es total y completo, que no existe nada más que esto que vemos y que algo más allá solo sería la nada, sería dejar de existir, perderlo todo.

- *Para combatir este miedo hemos desarrollado creencias como la vida en lugares celestiales o infernales, en vidas después de la muerte, reencarnaciones, etc. Todas ellas ocultan el temor de que nuestro mundo no sea real y debido a que no podemos negar la existencia inevitable de la muerte, creemos que posterior a ella iremos a otro lugar.*

- Es el temor a la muerte definitiva, a dejar de existir. ¿Por qué ese miedo?

- *Todo lo que llamamos vida tiene como único propósito mantener su organización ante los cambios que la afecten, es decir: existir. Toda la vida está adaptada para ello y por supuesto nuestro cuerpo también.*

- Es digamos así su prioridad.

- *Si. Cualquier cosa que amanece este propósito genera alerta máxima, es decir miedo. Ahora, dado que asumimos que somos un cuerpo, así también creemos que todo lo que pasa con este cuerpo nos pasa a nosotros. De allí la creencia de que si este muere nosotros también.*

- Y si vamos a morir inevitablemente para qué vivimos esta vida.

- *Cada uno de nosotros se ha hecho esta pregunta y cada uno de nosotros tiene una respuesta para ella, consciente o inconsciente. No se puede negar que es el motivo más íntimo que nos lleva a hacer todo lo que hacemos. Muchos libros se han escrito queriendo dar solución a este enigma y aún se escriben y posiblemente se seguirán escribiendo millones más y la duda permanece.*

- ¿Por qué una pregunta tan aparentemente elemental nunca ha sido resuelta satisfactoriamente?

- *Si te fijas esta es una pregunta que se hace desde la irrealidad pues este es un concepto que está asociado al tiempo. Recuerda que la irrealidad es dual, es decir todo tiene dos caras y por lo tanto esta pregunta también, así que tenemos que replantearnos la pregunta para encontrar una respuesta real y definitiva.*

- Ya sé, quieres que te pregunte cuál debería ser la pregunta.

- *Bueno, ya deberías saberlo ¿no? En vez de preguntar para qué estamos en este mundo, deberíamos preguntar: ¿Estamos en este mundo? Cuando hacemos la primera pregunta estamos asumiendo que en verdad el mundo es real y existimos en él y la respuesta será también ilusoria, esto significa que propósitos como ser exitoso, millonario, famoso, salvar a la humanidad, aprender, trascender, iluminarse , incluso ser feliz, son ilusorios. Cuando hacemos la segunda nuestra visión está en la realidad y la respuesta será que no necesitamos nada y estos propósitos no tienen sentido.*

- Pareciera que estás diciendo que no deberíamos pretender ser felices.

- *Dado que creemos estar aquí, la respuesta es que si deberíamos. Aquí los propósitos tienen el sentido que la ilusión les da. Lo importante de todo esto radica en que cuando se empieza a tomar consciencia de la realidad, el mundo empieza a perder esa importancia, esa seriedad, esa trascendencia que parece tener, de ese modo la vida parece más ligera, más entretenida, menos definitiva, y paradójicamente cuando niegas los propósitos de la ilusión te sientes más feliz, entendiendo por ello que te sientes más descomplicado, más relajado.*

- Apenas estamos comenzando a ser conscientes de que el mundo que vemos es una percepción personal, un punto de vista y que todo depende del cristal con que se mire. Esto es un paso fundamental hacia una consciencia global, total, en la que todo el mundo, todo el universo es un punto de vista que todos compartimos.

- *El día que seamos conscientes de esta idea empezaremos a dejar de dar tanta importancia a las cosas de este mundo ya que todo será solo una percepción ilusoria. Ya no será importante ser rico, o no ser hermoso, ni tener éxito o fama, ya no nos interesará poseer cosas o personas y bajo esa luz todos estaremos en iguales condiciones.*

- Todos estamos en la ilusión así que por que juzgar si compartimos la misma condición, es decir ¿quién podría tirar la primera piedra?

- *Sí, no hay nada aquí que pueda cambiar eso pues todo lo que se haga aquí es una ilusión.*

- El mundo pasaría de ser algo relativo a ser absoluto.

- *Lo único relativo es el mundo que quieres ver, y una vez inmerso en uno, todo será totalmente absoluto, pues deja de verse otro mundo con el cual se pueda comparar o relacionar; se ve como un todo absoluto.*

- Aunque hay cosas muy serias como una guerra, el hambre, las enfermedades y no deberíamos tomarlas a la ligera.

- *Si no tomáramos tan en serio la idea de identificarnos con un ser necesitado, el 90% de nuestros problemas simplemente se esfumarían.*

- ¿Cómo vamos a ignorar nuestras necesidades? Son evidentes y es por ellas que hacemos lo que hacemos.

- *Es cierto, aunque nuestra sensación de necesidad se deriva del insaciable afán de poseer.*

- Si, debido a este surgen las guerras, no se revelan descubrimientos médicos que podrían curar enfermedades pues no son beneficiosas en términos económicos o se venden millones de productos inútiles y se desperdician miles de recursos y alimentos y por eso los políticos prefieren apropiarse de los impuestos antes que construir escuelas y hospitales; por eso se siguen construyendo motores a gasolina que contaminan aunque los autos eléctricos ya son técnicamente viables, por eso te asaltan, te engañan, ... en fin la lista es interminable.

- *No te preocupes, es virtual ¿recuerdas? Lo importante es tener claridad sobre que nuestro mundo en verdad es como una pequeña burbuja en la vasta realidad.*

- Lo que nos parece ser "todo" no es más que una minúscula ilusión, aunque no por ello despreciable, ya que este mundo es tan completo, total y definitivo que jamás dudamos de que sea todo lo que existe.

- *Sin embargo cuando uno se atreve a dudar de su realidad se abre una puerta. La dificultad para esto radica en que esta burbuja es un sistema de pensamiento que define en nuestra mente una realidad y solo una. Una realidad por definición excluye cualquiera otra. Un sistema de pensamiento crea un mundo total, no pueden crear dos realidades simultáneamente. Aparentemente podrían existir dos alternativas de mundos posibles la real y la ilusoria, aunque técnicamente solo una es posible, la real, porque la ilusoria es ilusoria y no existe.*

- Es muy paradójico.

- *Es solo porque lo estamos abordando desde un sistema ilusorio y desde allí no vemos ningún sistema de pensamiento real, así como también nos parece ilógico que estemos en un sistema ilusorio y que desde allí estemos diciendo algo. Lo importante de todo esto es tener siempre claro que ocurra lo que ocurra en esta burbuja no trascenderá más allá de ella.*

- Es un sistema cerrado y no puede para nada interferir con la realidad y es por eso que no importa lo que allí pase, siempre será ilusorio, nunca real.

- *En ese sentido todo lo que en nuestro mundo parece tan definitivo y trascendental es solo una ilusión cuando se ve desde fuera.*

- Entonces se podría decir que de nada sirve evitar una guerra ya que vendrá otra y luego otra.

- *El problema no está en la guerra en si sino en lo que hace que la guerra sea una opción válida y esto es nuestra creencia en la vulnerabilidad.*

- Es decir que podemos tratar de evitar o detener las guerras pero mientras no revaluemos nuestra falsa creencia en la vulnerabilidad estas se seguirán produciendo. Incluso, en esa circunstancia, una guerra puede ser más conveniente si nos hace reflexionar sobre lo absurdas que son.

- *Igual podríamos decir de cualquier otra actividad que se dé en esta esfera, pues todo queda circunscrito en ella.*

- Pero nos parece que la guerra es muy real. ¿Qué podemos hacer?

- *Se dice que no robar es la mejor manera de asegurarse de que habrá un pícaro menos en el mundo. El poder está en lo que cada uno hace, en cambiar su forma de ver. Esto es suficiente para propiciar en los demás un cambio ya que este mundo se sostiene debido a que obtenemos respuestas afirmativas a nuestros actos que confirman nuestras creencias.*

- Te refieres a enseñar con el ejemplo, como una especie de juego en el que debes conformar mis creencias con tus creencias ¿verdad?

- *Sí, y también a aprender con el ejemplo. Enseñar y aprender es lo mismo, no se elige enseñar o aprender, solo se elige "qué" enseñar y "qué" aprender.*

- O sea que con nuestros actos siempre estamos enseñando.

- *Si, y esa es la única manera de desarticular el sistema.*

- Por ejemplo...

- *Todos aquí creemos en la escasez, ¿verdad? cuando alguien trata de apropiarse de algo que es nuestro muestra una carencia, ya que necesita ese algo. Nuestro sentido de carencia o escasez nos hace reaccionar, defendiéndonos y atacando al otro. Esta actitud envía al otro el mensaje de que eres necesitado también ya que temes perder ese algo.*

- Es un juego de quita y dame, a la par que quiere quitar para ganar algo, también se defiende para no perder algo.

- *Y cuando dejas de reaccionar como si el sistema fuera real, el sistema pierde impulso, pierde energía, se debilita en nuestra mente y en la mente de los demás, pues está faltando el componente de retroalimentación.*

- Significa que invierte energía y no obtiene nada a cambio.

- *Exacto, cuando percibes el comportamiento de otra persona, lo que este mecanismo de percepción me está diciendo realmente es que es una prueba de la realidad del sistema ilusorio, y esto refuerza mi creencia en él, por lo tanto actuó desde él porque lo considero real y lo que hago con esto es reafirmar el sistema perceptivo del otro, de la misma forma que él lo reafirmo en mí, así que él también continuará actuando desde el sistema.*

- Es como un círculo que solo se rompe cuando uno de los dos deja de actuar desde el sistema, demostrándole al otro que este no es real porque no tiene efectos en él.

- *Cuando el otro duda o deja de creer aunque sea por un instante, el círculo se rompe y deja de funcionar. En ese instante se aclara que estoy operando desde otro sistema y todo es resultado de mi percepción.*

- Eso podría interpretarse como que es el otro quien me mantiene en la ilusión

- *Hay que tener cuidado con eso, es un truco, el problema no está en el otro, no es él quien está causando en mi algo, es mi percepción de lo que él hace que me dice que decida a favor del sistema ilusorio.*

- Entonces no hay que intentar cambiar al otro sino que cambio mi sistema de percepción y de esa forma le muestro al otro que existe una alternativa diferente.

- *Exacto, Yo puedo decidir a favor de la realidad si así lo quiero y no depende para nada de lo que el otro esté haciendo o no, sino de lo que hace mi sistema perceptivo. Soy yo quien decido apoyar la ilusión o no. Cuando yo actuó bajo otra visión solo me estoy saliendo del juego y demostrando que es una opción, de esa forma me ayudo y lo ayudo al mismo tiempo.*

- Sé que no me equivoco si digo que el sistema no se va a quedar de brazos cruzados, ¿verdad?

- *Sí, hay que tener en cuenta que cuando esto sucede generalmente el sistema se siente atacado y responde atacando y el conflicto parece agudizarse. Tan solo nos está azuzando para que entremos de nuevo en el juego, pues en ese momento se encuentra desarmado, debilitado.*

- Ya veo, cuando estamos de acuerdo en ese comportamiento lo reforzamos, y cuando no, lo debilitamos.

- *Sí, cuando das un pensamiento en verdad no lo pierdes; al contrario, este se fortalece porque ya está en ti y en la mente de tu hermano. Los pensamientos nunca se pierden, nunca abandonan la mente que los pensó, Todo este mundo está en nuestra mente y al compartirlo nos parece más real y por eso es que cuando enseñas, en verdad aprendes. Todo está relacionado.*

- Es cierto, no es como las cosas materiales que si doy esa cosa en verdad la pierdo y es por eso que no nos gusta mucho dar a menos que, con ello, esperemos recibir algo mejor o en mayor cantidad.

- *No sucede lo mismo con los pensamientos. Cuando reaccionas con violencia ante cualquier situación estás compartiendo la idea de que la violencia funciona contigo. Si reaccionas con amor el mensaje será que la violencia no funciona y cuando algo no funciona generalmente lo descartamos como estrategia. Así es como se revierte el sistema.*

- Sí, es curioso, es dar sin perder nada, al contrario se multiplica cuando lo das.

- *¿Recuerdas la parábola de multiplicación de los peces y los panes de Jesús?*

- Si, te refieres a la historia bíblica en que unos pocos peces y panes alimentaron a toda una multitud.

- Si. ¿Ves la relación?

- ¡No me digas! ¿Los panes y los peces simbolizan los pensamientos?

- *¿Tú qué crees?*

- Nunca lo vi así.

Todo sufrimiento parte
de la idea de que
somos vulnerables

- Estoy viendo que la creencia en la vulnerabilidad es un aspecto clave. Siempre lo vi como algo inherente a los seres vivos, inevitable, casi que necesario y ahora me parece que puede ser lo que hace la diferencia.

- *Es porque empiezas a verlo desde otra perspectiva. Cuando cambia el punto de vista el mundo cambia totalmente. No te imaginas la magnitud del efecto que puede tener una simple creencia. Por ejemplo cuando nos dicen que todo el mundo es producto de una simple creencia sencillamente no lo podemos creer. Es como la distancia que nos separa de las estrellas, si te dicen la cifra ni siquiera puedes imaginar cuánto es.*

- Si, era de esperarse ya que el mundo está construido con nuestros pensamientos, todo lo que vemos o mejor "como lo vemos" se debe a ellos; también lo que sentimos, lo que nos parece bello o feo, lo que nos gusta, lo que nos disgusta.

- *Es cierto, creer que algo nos molesta es el "efecto" de un pensamiento. La molestia es el efecto, no del suceso externo.*

- Dices que la molestia la produce un pensamiento, no un suceso externo, entonces si quiero dejar de estar molesto debo cambiar el pensamiento que lo produce no el reflejo externo.

- *Exacto, y ese pensamiento es en todos los casos el mismo: la creencia en la separación que produce vulnerabilidad expresada como carencia, miedo, sufrimiento. ¿Por qué quieres dejar de estar molesto?*

- Porque creo que me hace daño.

- *Tú lo has dicho: "creo que me hace daño". Si lucho contra ella estoy alimentando la creencia en la vulnerabilidad, es decir reforzando el pensamiento de separación. Es un circulo invisible, entonces no lucho contra la molestia que es un efecto, solo suprimo la causa que es un pensamiento ilusorio.*

- No interesa el efecto, que no es real, sola la causa. La creencia es real, la molestia no.

- *Exacto, Todo sufrimiento parte de la idea de que somos vulnerables. Esta idea es ilusoria por lo tanto, o no tiene efectos reales, es decir su efecto, el sufrimiento, es ilusorio. Dado que nuestra realidad está basada en esta creencia ilusoria ésta es por lo tanto también ilusoria, ya que nada ilusorio puede ser causa de algo real. La trampa consiste en que insistimos en eliminar el sufrimiento como si fuese algo real, no cuestionamos su realidad, la asumimos como cierta. Creer en la realidad del sufrimiento, de la vulnerabilidad, configura una "realidad" aparte. Aparentemente se vive en esa también aparente realidad.*

- En esa línea ¿la felicidad también es un pensamiento?

- *Lo que llamamos felicidad no es más que la otra cara de la moneda. Todo en la dualidad tiene dos caras. Insistimos en la estrategia de disminuir o evitar el sufrimiento por medio de la creencia de que tiene un opuesto al cual llamamos felicidad. La felicidad se configura así como la ausencia de sufrimiento. Esta dualidad nos enreda en una búsqueda infinita de opuestos y nos aleja de la única estrategia que lograría disolver toda dualidad, la cual es cuestionar la realidad de la carencia, de la vulnerabilidad, de la imperfección.*

- Esta "felicidad" es la zanahoria atada al palo que perseguimos con el fin de evitar el sufrimiento.

- *Evitar el sufrimiento ha sido la estrategia por siempre y que por más que vemos no funciona, seguimos aplicándola.*

- Si no hay sufrimiento hay felicidad ¿no es así?

- *El sufrimiento no se termina encontrando su opuesto, sino cuando se es consciente de que la creencia en la carencia no es real, de que el ser real es invulnerable y no hay nada que pueda hacerlo sufrir. La estrategia del sistema es entonces luchar contra el sufrimiento porque de esta manera aparece como algo real que está afectando al ser.*

- ¿El querer erradicar el sufrimiento le da un cierto estatus de realidad al sistema?

- *Si, aunque todo ello es ilusión. El sistema se empeña en defender su aparente existencia, pues dado que es irreal debe ser mantenida de instante en instante, debe ser imaginada de instante en instante. El propósito es hacernos creer que toda esa trama es algo que "nos sucede".*

- Pero realmente me sucede, esa es la vida.

- *No. Solo porque decimos "me sucede" es que parece suceder, es que parece existir un ser en este mundo al que llamamos "yo"*

- La clave seria entonces no decirle "yo" a ese falso ser, a ese ser ilusorio.

- *Mientras se le dice "yo" estamos atrapados en su irrealidad y somos ilusionados con todas sus creencias. "sufrimos" todas sus tribulaciones.*

- Y como es que no lo vemos su trama y lo abandonamos de una buena vez.

- *Pues porque para no parecer odioso debido al sufrimiento que ocasiona y no provocar que le abandonemos, desvía la atención de la verdadera causa y la enfoca en circunstancias externas, las cuales parecen ser afectadas por las acciones que llevamos a cabo para modificar la situación.*

- O sea nuestros actos cotidianos con los cuales pretendemos solucionar nuestros problemas.

- *Si, cualquier respuesta a la ilusión crea nuevas ilusiones en un círculo infinito de causa efecto que no da solución al problema original aunque mantiene viva la llama de la esperanza de que si nos esforzamos, si buscamos un poco más, algún día lo lograremos.*

No es saber las respuestas sino saber hacer las preguntas

- *Que es peor para ti ¿un enojo o una guerra mundial?*
- Una guerra, por supuesto.
- *Bajo qué criterio.*
- Una guerra es peor porque mueren muchas personas, se destruyen muchas ciudades, hospitales, escuelas, hay hambre y pobreza. Además se desperdician recursos que hubieran sido usados en cosas mejores.
- *Cierto, y también que muchos de los grandes descubrimientos y avances tecnológicos fueron ideados en principio para ser usados en la guerra. Internet, por ejemplo, para no ir muy lejos fue creado como una red de comunicación segura o el descubrimiento de la energía nuclear para la construcción de bombas.*
- La muerte de personas inocentes no lo justifica.
- *Decimos que la muerte es algo malo.*
- Por supuesto que sí, yo personalmente creo que nada la justifica.
- *Sí, aunque eso es relativo. Por ejemplo cuando miras las películas de guerra. Puedes saber fácilmente quien está contando la historia. Es aquel que muestra la muerte de uno de los suyos como algo terrible e inhumano mientras que la venganza y la muerte de los denominados "enemigos" es mostrado como algo glorioso y justificado sin importar que sean miles de ellos. Generalmente los suyos tienen familia, amigos, una vida y su muerte es injusta, mientras que los enemigos parecen no tenerlos y su muerte es intrascendente y hasta benéfica. Las películas realizadas por la contraparte son similares invirtiendo los roles. En realidad todo esto sucede porque creemos que la muerte es real y por eso es que la utilizamos como arma de guerra.*
- ¿Arma de guerra?

- Si, la muerte de personas es un objetivo de guerra ¿no? Si no fuera así las guerras se resolverían con una partida de ajedrez. Creemos que es lo más terrible que nos pueda llegar a pasar.

- Si aunque la guerra también tiene sus normas y se trata de evitar que personas inocentes mueran.

- Eso generalmente no se da. Dime ¿acaso matar un soldado es bueno y matar un civil no?

- Así es la guerra, algunos tienen que morir para que otros vivan. Es la ley de la vida, es inevitable.

- Todo esto sería innecesario si entendiéramos que la muerte no es real. Desde esta perspectiva estar enojado o una guerra mundial serian lo mismo, porque el bien o el mal no es el factor importante sino la realidad o irrealidad de este pensamiento y, bajo este criterio, un enojo y una guerra son lo mismo, no importa que una sea buena y la otra mala dado que ambas son irreales.

- Si, el problema es que eso es lo que tú crees, no así el resto de las personas. En una guerra primero disparas y después preguntas, no hay tiempo para filosofar. Es cierto que los conceptos de bueno y malo son relativos aunque son necesarios para dar un poco de orden a esta locura.

- De nada sirve si lo que es malo para ti es bueno para otro, porque la guerra está servida. A la final cualquiera sea el que gane, ninguno de los dos tiene la razón. Quien "gana" solamente tiene armas más poderosas. A veces las guerras solo se terminan cuando se extermina al contrincante. Nada relativo puede ser real y los criterios de bueno o malo lo son. El criterio no debe ser si algo es bueno o malo ya que las alternativas de esta elección estarán dentro del dominio del sistema irreal puesto que bueno o malo son conceptos relativos. La decisión debe ser entre real

o irreal pues es la única que nos lleva hacia dentro del sistema ilusorio o nos alejan de él. Por eso la decisión no es sobre si la muerte es buena o mala sino sobre si es real o no. No digo que sea fácil, solo que sería la solución.

- Demasiado bueno para ser verdad. Tengo mis dudas.

- *Y está bien que las tengas, hay que dudar ¿sabes? Dudar de todo, especialmente de lo esencial, de lo básico, de lo profundo. De la muerte por ejemplo.*

- Estoy de acuerdo, a veces lo importante no es saber las respuestas sino saber hacer las preguntas.

- *Muy interesante, no me habías comentado que fueras maestro.*

- ¿Acaso no dices que todos enseñamos y aprendemos?

- *Sí, ja, ja, me diste de mi propio cocinado. Tienes razón, gracias por recordármelo.*

La cuestión no es si puedes tener algo, sino si lo necesitas

- "Todo sucede por algo" ¿verdad?

- *Si. Generalmente lo decimos cuando no entendemos o no vemos con claridad el porqué de lo que nos sucede y nos consolamos con la idea de que alguna razón habrá para ello. Algunos dicen que para aprender algo; otros que es karma que arrastramos de vidas anteriores; otros simplemente suerte. Todo depende desde qué perspectiva se mire. Cuando lo miramos desde la perspectiva del mundo vemos razones del mundo. Cuando tenemos un martillo todos los problemas parecen clavos; es decir todo lo enfocamos hacia resultados dentro del sistema. Las opciones anteriores por ejemplo caen todas dentro de esta categoría.*

- Es obvio que todos queremos que nos sucedan cosas buenas y tal vez por ello cuando aparentemente no lo son nos gustaría verlo de otra forma y creer que, en el fondo, aunque parezcan malas, son buenas.

- *Si, aunque es una forma de no ver la realidad.*

- De qué otra forma podría ser.

- *Otra forma de verlo es desde la perspectiva de lo real. Significa que cualquier cosa que nos suceda puede ser vista como una oportunidad para decidir de nuevo, para decidir si queremos ver la realidad o ver la ilusión.*

- ¿Cualquier cosa?

- *Si, cualquier cosa, bien sea que nos parezca grande, importante, urgente, trascendente o insignificante, da igual pues bajo esta perspectiva ambos grados significan lo mismo, es decir no hay grados ya que todos se resumen a la decisión fundamental entre lo real o lo irreal. Fíjate que siempre que queremos verlo de otra forma por lo general resulta que lo vemos de la misma forma. Cuando decimos que tras algo aparentemente malo hay algo bueno, eso que llamamos "bueno" es algo que también* pertenece al mundo ilusorio, es decir es la misma forma de ver porque lo seguimos viendo desde la perspectiva mundana.

- Visto como algo bueno nos coloca en la posición que podemos cambiarlo. Al final de cuentas si todo está en la mente somos los artífices del mundo.

- *Si, aunque la expresión "somos artífices del mundo" al igual que la anterior afirmación puede ser vista desde el sistema ilusorio como el poder que tenemos para crear la vida que queremos y necesitamos, es decir podemos tener el carro que queremos, la casa que queremos, el trabajo que queremos, el dinero, el amor, la salud, etc. que queremos y necesitamos. Todas estas son deseos del mundo nacidos de la creencia en la necesidad, son las ilusiones que mantienen operativo nuestro mundo ilusorio.*

- Bueno, si somos los artífices significa que aquellas cosas que nos hacen infelices también las creamos nosotros.

- *Correcto.*

- Entonces deberíamos solo crear cosas que nos hacen felices y dejar de crear aquellas que no. Caso cerrado.

- *La verdad es que no necesitamos hacer cosas buenas para contrarrestar las cosas malas, ese es un truco, pues ambas son ilusiones.*

- Ahhh, vuelve y juega, el viejo truco de no hacer nada.

- *La otra perspectiva nos lleva a ver que toda esa ilusión es creada por nuestra mente y, por lo tanto, puede ser disuelta en su totalidad, no parcialmente, deshaciendo solo aquellos aspectos que aparentemente nos dañan y conservando aquellos que nos parece nos hacen felices. Cuando somos selectivos estamos operando desde el sistema ilusorio que es parcial y limitado y estamos de nuevo cayendo sutilmente en la primera perspectiva. En verdad somos artífices del mundo y podemos bien sea cambiarlo a nuestro antojo o podemos ver que es una ilusión y despertar. Son las dos únicas opciones verdaderas que tenemos. Esa es nuestra verdadera libertad de elección.*

- Igual, puedo decidir tener un auto mejor, el amor de mi vida, la salud ¿no?

- *Puedes hacerlo aunque en verdad no estás tomando ninguna decisión real, estás tomando decisiones dentro del sistema ilusorio y todas serán por lo tanto ilusorias.*

- Igual son decisiones ¿no?

- *Si, déjame ponerte un ejemplo. Imagina que se te presenta el genio de la lámpara que te dice: "Puedo concederte un deseo. Puedes elegir entre obtener todas las cosas que siempre has necesitado o elegir no necesitar nada". ¿Tú qué harías?*

- Me parece que ambas son lo mismo, Pues si me das todo lo que necesito no necesitaría nada ¿verdad?

- *Aparentemente. En un mundo dualista tener algo siempre implica una contraparte.*

- Que en este caso es, por supuesto, el no tenerla.

- *Si, o lo que es lo mismo, perderlo. ¿Lo ves? La cuestión no es si puedes tener o no algo sino si lo necesitas o no. Nos centramos en la cuestión de tener o no tener y nos olvidamos que el asunto es si necesitamos algo, es decir si somos seres incompletos y necesitados. Si creemos que necesitamos algo la búsqueda será infinita. Si nuestro punto de partida es qué necesitamos y nunca lo cuestionamos, todo se resume a buscar lo que necesitamos y sus consecuencias, es decir su contraparte, que son el poderlo perder, el temor y la lucha que eso significa. No hay una sin la otra. De otro lado si reconocemos que no necesitamos nada, no hay búsqueda, no hay opuestos, nada que perder, nada que defender, no hay luchas, no hay temor.*

- Igual sucede entonces con la búsqueda de la felicidad, el amor, etc. Todas tienen su contraparte en el sufrimiento, el miedo, etc.

- *Sí, todo depende de la perspectiva. En el fondo es una simple decisión entre lo real y lo irreal. A eso se resume toda la situación de nuestra mente. Eso es todo, caso cerrado, ja, ja.*

Cambiar mucho sin cambiar nada

- Por qué, mientras conversamos, me parece que todo tiene cierta lógica y hasta puedo comprenderte, mas cuando intento comentarlo con alguien no puedo recordarlo, no hilo.

- *Estas ideas son difíciles de captar no porque ellas sean incomprensibles en si sino porque nuestra mente se niega a aceptarlas. Esta negativa se debe a que nuestra mente es una estructura, un constructo y aprendemos relacionando las ideas nuevas con las antiguas. Cuando las ideas viejas tienen poco o nada en común con las nuevas ideas no hay dónde acomodarlas ya que no hay cómo relacionarlas. De esa forma se olvidan fácilmente. Por eso se debe abordar desde múltiples ángulos, desde muchas pequeñas ideas, que se van anudando aquí y allá, poco a poco y se va tejiendo filigrana. En un momento cualquiera estas ideas van teniendo asidero aquí y allá y de pronto nos aparecen como obvias y evidentes y uno "piensa" realmente esa idea o "recuerda" esa idea en su ser, es decir "es consciente".*

- ¿Y cuál es la diferencia entre un pensamiento real y uno ilusorio?

- *La diferencia es que el primero hace parte del ser y el segundo es una construcción. Es algo similar a lo que ocurre con nuestra esencia y nuestro cuerpo. Nuestro ser real "es" nosotros y nuestro cuerpo "es" una construcción en la mente similar a una pintura que hace un artista. Si le decimos a una persona que el mundo no es real inmediatamente la idea será rechazada, no hay otra idea en su mente con la que pueda asociar, relacionar, comparar. Quizás la recuerde unos días y luego, si no la escucha nuevamente, no llamará su atención y se perderá.*

- Si me ha sucedido, parece que se esfuman con el tiempo.

- *Para que una idea o pensamiento perdure en la mente debe estar asociada a muchas otras. Nuestra mente es un sistema donde hay muchos pensamientos relacionados; entonces para* dar cabida a una idea nueva hay que cambiar relaciones de manera que la tenga. *Las personas que tienen habilidad para un tema específico solo se diferencian de los demás en que sus modelos mentales son muy compatibles con ese tema.*

- Por eso a algunos se les da fácil la matemática, a otros los idiomas, la geografía, las artes, etc.

- *Sí, aunque todos tenemos máquinas similares. La diferencia es la configuración que les hemos ido dando con las experiencias de vida. Lo mismo es aplicable para cualquier persona que se le dificulte algo. Son solo sus esquemas lo que se lo hacen difícil.*

- Si desde niños aprendiéramos a manejar nuestros esquemas seriamos supremamente plásticos, aprenderíamos fácilmente cualquier cosa y superaríamos sin mucha dificultad experiencias limitadoras como vicios, traumas, fobias, etc.

- *Exacto, es difícil captar inicialmente un nuevo concepto porque nuestro mapa mental no lo acepta; es como un piñón que no termina por engranar y es necesario primero mover todos los engranajes hasta que este tenga cabida. Es posible que haya que adicionar algunos engranajes o eliminar otros. Casi siempre lo más fácil es desechar la idea. Es difícil que la máquina se transforme a sí misma pues no está hecha para aceptar nuevas cosas. Aunque por más cambios que se hagan en ella siempre será una máquina.*

- Un momento, un momento, ¿estás diciendo que somos máquinas?

- *Mmmmm, más o menos. Hay que ser claros que nos estamos refiriendo al ser ilusorio ¿no?*

- Es decir el personaje del sueño con el que estamos identificados, el que creemos ser.

- Exacto, y en general todo el sueño es un sistema de pensamiento muy complejo. Sin embargo recuerda que fuimos creados perfectos y eso ninguna ilusión puede cambiarlo así que es solo una creencia, una falsa identificación.

- Si, no obstante si somos o mejor si nos creemos máquinas es muy difícil que podamos cambiar.

- Extremadamente difícil si no imposible. Recuerda que tratar de cambiar es un mecanismo más, así que cuando quieres cambiar algo es ella misma la que lo quiere cambiar y así se convierte en un cambio mecánico que no cambia nada. Uno ve que el mundo está cambiando constantemente, "lo único constante es el cambio", afirmamos, aunque si lo vemos bajo la visión de la verdad o la ilusión se observa que todos esos cambios no son tales ya que continúan siendo mecánicos. Se puede cambiar mucho sin cambiar nada.

- Ya veo, la cuestión no está en cambiarla pues eso es la otra de sus funciones. La cuestión está más allá, en mi identificación con ella.

- Si.

- Cuando me identifico no puedo verla precisamente porque no la observo. Un observador no puede observarse a sí mismo de forma similar a que un ojo no se ve y una mano no se siente.

- Si.

- Esto definitivamente parece que no tiene solución.

- Si te comportas como máquina no. Aunque puedes dejar de identificarte con ella.

- ¿Cómo?

- No puedo decirte cómo porque todos los cómo son del sistema ilusorio sin embargo recuerda que alguien tuvo que haberla construido.

- ¿Yo? ¿Es decir mi ser real?

- Exacto, la ayuda viene de allí, de la manera más insospechada. Es inevitable que despertemos.

Quien quiera salvar su vida, la perderá

- ¿Has notado que en la vida normalmente nada se resuelve de manera definitiva?

- *Es cierto, hasta la mejor solución a un problema siempre es momentánea, no pasará mucho tiempo para que dicha solución no satisfaga del todo.*

- ¿Por qué crees que esto pueda ser?

- *El mundo cambia constantemente. Si las cosas se quedaran como están, las soluciones serían definitivas, Siempre hay algo que está cambiando y generalmente lo que está bien nunca se permanece así.*

- Sí, eso nos mantiene en una constante búsqueda.

Es un sistema dual. Cualquier concepto siempre tendrá su contraparte, su fuerza de reacción que se le opone, por eso todo es una lucha del bien contra el mal. Lo que yo me pregunto es ¿por qué esto tiene que ser así?

- *Porque así está diseñado el sistema y mientras estés en él debes seguir inevitablemente sus reglas.*

- ¿Entonces las personas que denominamos "malas" son así porque el sistema las creó?

- *Solo son conceptos en nuestra mente. Las personas, o mejor, las situaciones que denominamos buenas o malas son también un concepto. No existe algo malo, es un atributo que le damos a algo. Ahora, el bien y el mal son inherentes al sistema; el uno no puede existir sin el otro, es una simbiosis. El sistema es dualista. Eso significa que siempre existirán y su propósito es mantener el sistema y darle continuidad. El sistema utiliza los conceptos de bueno y malo porque es una estrategia excelente para mantener nuestras mentes ocupadas en propender el bien y perseguir el mal.*

- Ya veo, las religiones por ejemplo han sabido llevar esta estrategia hasta sus últimas consecuencias.

- *Sí, es doblemente efectiva ya que, por un lado, desvía la atención de la mente del verdadero problema centrándola en la consecución del bien y la eliminación del mal y, por el otro, refuerza nuestra creencia en la vulnerabilidad, Si anhelamos el bien y rechazamos el mal es porque nos proporcionan seguridad por un lado y miedo por el otro, lo que en el fondo significa que podemos ser dañados, en resumen que somos vulnerables.*

- Ahora que, el concepto de bien y mal es algo relativo. Para algunos algo que es bueno para otros es malo.

- *De esa forma se asegura que el conflicto nunca se resuelva pues cada quien quiere lo mejor para sí, para su vida tal y como la ve desde la perspectiva del mundo ilusorio. Así, cada quien quiere salvar su vida a como dé lugar.*

- Si todos estuviéramos de acuerdo en lo que es "el mal", seríamos capaces de eliminarlo fácilmente ¿verdad?

- *Grandes guerras se han iniciado tratando de convencer a otros de que "mi bien" es mejor que "tu bien". Eso es imposible en un mundo dual ilusorio. Nada puede solucionarse porque el problema no está en el bien y en el mal sino en lo que es real y lo que no lo es. Bien y mal como los ve el sistema no son reales, nada que se vea bajo la luz del sistema ilusorio es real. La única solución es acabar con el mundo.*

- ¿Qué? ¿La bomba atómica?

- *No, eso no acabaría el mundo, solo a los humanos, si acaso, es renunciar a él, morir a esta vida.*

- Lo sé, lo sé, solo quería preguntar. La solución es entonces como siempre: despertar.

- *Sí. Jesús lo decía así: "Porque quien quiera salvar su vida, la perderá; pero el que pierda su vida por mi causa, la salvará"*

Nos hace iguales creer
que somos diferentes

- Siempre me estoy cuestionando ¿qué es lo mejor que podemos hacer en este mundo?

- *Nadie puede decirte qué es lo mejor que puedes hacer. Son tantas la variables que influyen que resulta imposible poderlas controlar todas. Generalmente los sucesos ocurren sin que podamos determinar su desenlace. Podemos manejar algunas de sus variables, no todas; de esa manera nos parece que tenemos control sobre nuestro destino y nos atribuimos logros que nunca son. La verdad es que no podemos hacer nada porque nos identificamos con una máquina que hace todo por nosotros. En este sistema de pensamiento nos identificamos con un ser ilusorio que solo obedece los mandatos del sistema como un personaje de un juego virtual que está circunscrito a las posibilidades que el programa le brinda y no puede hacer nada por sí mismo, solo obedece. Tratamos de homogenizar el sistema para intentar predecir los resultados. De esa manera la educación, la cultura, los sistemas políticos, económicos, educativos, sociales nos hacen pensar igual, sentir igual, actuar igual, o al menos de forma muy similar.*

- Si, ya sabes lo que dicen de los jóvenes: aquellos que se visten igual para parecer diferentes. Así funciona, creemos que porque compramos un reloj igual al que tienen otros millones de personas nos hace diferentes.

- *Asumimos, por resultarnos demasiado obvio, que nuestros problemas se deben a una falla en la máquina por tanto intentamos cambiarla, intentamos conocerla, controlarla, mejorarla. Esa no es la solución.*

- A mí me parece obvio que el problema está allí.

- *Es lo que te digo, parece, aunque realmente no; el problema no es ella sino la "identificación" que tenemos. Creer esto es la falla. Queremos "mejorarla" no obstante, en verdad, es perfecta;*

desempeña su función a la perfección. Cualquier intento por modificarla es algo que se hace desde ella misma, está hecha para fabricar ilusiones y solo produce ilusiones.

- Podemos modificarla y mejorarla, de eso se trata.

- *Puedes modificarla para que haga diferentes ilusiones pero eso es todo. Es configurable, está hecha para que se pueda cambiar a sí misma; sin embargo el resultado serán siempre ilusiones.*

- Aunque una buena ilusión es mejor que una mala ilusión ¿no?

- *Pensamos que otra ilusión puede ser la solución, y cuando inevitablemente falla, creemos que otra, y luego otra, y otra y otra....*

- Pero vamos mejorando cada vez más, es la evolución.

- *Querer ser mejor es el resultado de la creencia que somos un ser que en verdad no somos, es decir un ser imperfecto que se debe y puede ser modificado. Visto bajo la perspectiva del sistema ilusorio esto es viable y lógico sin embargo desde fuera no es más que una ilusión sin sentido ni importancia. Lo que no se ve es que un ser imperfecto no puede convertirse en algo perfecto y el ser real no puede ser mejorado porque ya es perfecto.*

- ¿Significa que debemos despreciar todo lo que hacemos en el mundo?

- *No, despreciarlo significa otorgarle realidad. Si crees que se "debe" despreciar significa que de alguna manera tiene efectos que se quieren evitar. Al igual que querer mejorarlo significa que algunos efectos te gustan y quieres conservarlos.*

- Si nos afectan es porque son reales ¿no?

- *Al contrario, nos parece real porque creemos que nos afecta y creemos que nos afecta porque nos identificamos con él.*

- Parece claro entonces que el problema no es la máquina. Entonces ¿cuál es?

- *Si uno ya no quiere más sus ilusiones no hay más remedio que deshacerse de ellas, y para eso, primero tiene que romper su identificación, pues mientras se sienta que se es ella, nunca comprenderá que puede dejarla. Cuando se dé cuenta de que puede dejar de creerlo, entonces la "ve", ya no como él mismo, sino como algo externo y a él, como algo aparte, diferente, ve que no son lo mismo, entonces se separa, la observa fuera de sí. Ya sabe que no es ella y la puede desechar cuando quiera, sin temor.*

Uno aprende a "ver" las ilusiones y entonces ya no las quiere más, no porque le causen daño o porque no den la felicidad, sino porque no son reales.

- ¿Significa entonces que debemos interpretar las cosas de otra manera?

- *No. Una interpretación no es mejor ni peor que cualquier otra, ambas son interpretaciones y ambas igualmente ilusorias. Decir que algo es correcto o incorrecto son interpretaciones. El asunto es ser capaz de "ver eso", ver que "ambas" son ilusiones. Uno se puede quedar allí atascado por siempre, tratando de encontrar la mejor interpretación, la buena, la justa, la correcta, la que satisface a la mayoría, etc. Está encerrado en el círculo de la interpretación. La manera de salir es ver que es la interpretación la que te mantiene dentro del círculo, la interpretación es el círculo. Igual sucede con la identificación, ella es el círculo que nos mantiene en el sueño. Se puede cambiar el sueño cuantas veces quieras aunque si la identificación permanece el sueño permanece. No es la forma que tome el sueño, si es bueno o si es malo, es el hecho de que es un sueño, la conciencia de que es un sueño.*

- Ya veo, decimos que debemos ver las cosas de otra manera aunque generalmente lo que hacemos es verlas de la misma forma, pues cambiamos la forma del sueño aunque seguimos en el sueño.

- *Así es.*

La relatividad de la relatividad

- Hay algo que me sigue dando vueltas en la cabeza. Si en verdad "somos perfectos" ¿por qué estamos metidos de cabeza en este rollo del sistema ilusorio?

- *"Somos perfectos" es una afirmación simple y lógica dado que fuimos creados por un Dios perfecto, entonces uno pensaría que por ello también es algo simple de asimilar. No lo es.*

- ¿Por qué?

- *Porque estamos inmersos en un sistema de pensamiento donde esta idea no tiene asidero pues algunos de los pensamientos que conforman esta mente están en contraposición con ella. Para asimilarlo es necesario cambiar esa mente, eliminar de ella los obstáculos que no nos dejar ver con claridad.*

- Pero no podemos borrar de tajo estos pensamientos dado que ellos nos dan la sensación de lo que llamamos realidad, así que nos parece que eliminar eso que consideramos "todo" sería el fin de nuestra existencia.

- *En cierta medida es verdad puesto que nuestra existencia, tal y como la concibe esa mente, es falsa y al erradicar ese error de percepción desaparece la falsedad. No dejamos de existir en verdad; al contrario, regresamos a la visión real de nuestra existencia real.*

- La idea de morir, de dejar de ser, produce miedo a tal nivel que no aceptamos bajo ninguna circunstancia que el mundo es ilusorio, que somos perfectos.

- *Por eso la mejor estrategia es hacerlo poco a poco, abrirse paso con pequeños cambios cotidianos en la forma de ver el mundo y revaluando el significado que tiene para nosotros. Hay que partir de la base de que somos hijos de Dios perfectos. Sobre esta roca construir la mente que nos permitirá ver la realidad.*

- El mundo parece contradecir esa afirmación.

- Si, ese es su propósito, simplemente hace su trabajo y muy bien por cierto.

- Es verdad aunque también es cierto que nosotros mismos lo fabricamos.

- Si y por eso es que podemos deshacerlo. Cada quien tiene que hacerlo, es la única forma de cambiar la visión del mundo.

- No creo que el que yo piense diferente vaya a cambiar todo el mundo.

- No cambiar el mundo sino cambiar "la visión" del mundo. Todo el mundo surgió de una primera idea y mientras esta idea permanezca en la mente, el mundo parecerá siendo real al igual que sus aparentes efectos. Para que esto termine debe ser cambiada la primera idea, esto es un cambio de mente, es la única forma. Todo pensamiento que se deriva de esta primera idea tiene su mismo propósito.

- Me parece muy difícil alcanzar este pensamiento primigenio.

- Si. Una manera es comenzar con aquellos pensamientos que son más cotidianos. Cualquiera sirve dado que todos comparten el propósito original, hay que tratar con aquellos pensamientos cotidianos para intentar cambiarle su propósito. Una vez pierdan su propósito ellos desaparecerán haciendo evidente aquellos que lo generaron y en los cuales debemos ahora trabajar.

- Vamos desde las hojas hacia la raíz, de hoja en hoja, de rama en rama hasta el origen. Esto puede tardar un tiempo.

- La ventaja es que todos son lo mismo, no tenemos que lidiar con diferentes clases de problemas. Este es uno de los errores más comunes, pensar que son diferentes y cada uno especial a su manera. De esta forma se desvía nuestro pensamiento a causas y efectos que nada tienen que ver con propósito original. Así nos perdemos y abandonamos el trabajo real.

- Si es tan evidente ¿por qué no lo hacemos?

- *Cuando queremos cambiar nuestra mente hay que recordar que es una estructura de pensamientos, una red intrincada y compleja y sobre todo que hacemos uso de ella para estudiarla, para comprenderla con el fin de cambiarla, lo que significa que dicha estructura influye en nuestra forma de ver esa estructura.*

- De allí lo complejo del cambio.

- *Si, nuestra mente no nos deja ver que nuestra mente no nos deja ver. Nos parece que lo que vemos y pensamos es absolutamente cierto y que no depende de nada, que es algo concreto, absoluto. Es la relatividad de la relatividad.*

- No hay nada cierto porque todo es relativo.

- *Por eso para observar un sistema de pensamiento hay que separarse de él y lo primero que debe hacerse es no identificarse con él. Es más fácil lidiar con algo cuando se da cuenta de que eso no es de uno, no hace parte de uno.*

- Pero dejaríamos de ser.

- *No, Para quitarse un guante no hay que amputarse la mano.*

- Uno a veces lo ve y al momento siguiente ya no.

- *Hay cierta inercia, la resistencia al cambio es una ley en los sistemas. Cuando se permite que los pensamientos del sistema ilusorio cumplan su propósito, nos arrastran y nos hacen actuar mecánicamente, Esto es retroalimentación para el sistema y contribuye a su fortalecimiento y estabilidad. Negarles obediencia lo debilita. Esto activa sus mecanismos de defensa y puede que en algún momento arremeta con mayor fuerza, invierta más energía en su propósito, con mayor astucia.*

- ¿Qué se puede hacer ante eso?

- *Hay que estar siempre atento a estos embates. Cuando se niega a uno de ellos hay una pérdida grande de energía en el sistema, que no se recupera. Si somos persistentes poco a poco se irá desmoronando, debilitando hasta que finalmente desaparece.*

- Uno lo hace cuando se acuerda pero luego se olvida.

- *Esta desobediencia hacia el sistema tiene que hacerse hábito, de manera que se restablezca nuestra familiaridad con los impulsos reales y se debilite la creencia en los impulsos ilusorios. Somos nosotros quienes otorgamos realidad a la ilusión y somos nosotros, por lo tanto, quienes debemos quitársela.*

- He intentado hacer algo similar algunas veces y es difícil darse cuenta en el momento que está sucediendo o a veces me da rabia el no poder hacerlo.

- *Hay que tratar de no caer en la desesperación o la rabia o el desaliento, pues este es otra estrategia del sistema para hacernos volver a sus formas. Toda actitud, estado de ánimo, deseo, sentimiento, emoción, solo son estrategias del sistema. No hay que tomarlas como propias y eso nos permite decidir si queremos o no acatarlas, seguirlas. Generalmente es algo que hacemos mecánicamente.*

- Nosotros mismos creamos ese sistema con sus emociones y sentimientos, es lo que somos ¿no?

- *Sí y no. Si es nuestro, aunque no es nosotros, no somos él, es una ilusión, una simple creencia, por eso no hay que mejorarlo, intervenirlo, cambiarlo o adecuarlo, solo hay que superarlo, trascender esa creencia, regresar a la consciencia de su irrealidad y este desaparecerá.*

- ¿Cómo hago consciencia de esto?

- *Primero hay que entender qué es el sistema, conocer sus resultados, sus efectos, el "qué" hace el sistema y no el "cómo" lo hace; el "cómo" nos involucra en su creencia de ser real y el "que" nos hace ver sus pretensiones ocultas. Esto se logra observándolo en su cotidianidad, sus deseos, sus miedos, sus goces, sus mentiras, todo su operar en el mundo.*

- Es decir observar el sistema.

- *Luego hay que empezar a no identificarse con él, a verlo como algo que no es eso que llamamos "yo", que se puede o no obedecer sus impulsos, que podemos tomar la decisión de creer en él o no, de hacer lo que él impone o no. Así comenzamos a recordar nuestro verdadero Ser y a desaparecer el falso sistema de pensamiento.*

- Es natural reaccionar, todos los sistemas lo hacen.

- *No siempre hay que reaccionar ante todo, en especial si esas reacciones son mecánicas y provienen de un sistema ilusorio, no hay que dejarse llevar por ellas, hay que detenerse lo más pronto que sea posible. Creemos que constantemente el mundo nos desafía y que ante todo hay que actuar, que siempre tenemos o debemos tener la razón en todo. Si se lo piensa, si se observa con atención, veremos que la mayoría de las veces no es necesario reaccionar.*

- Es como hablar, entre más piensas antes de hablar, más te das cuenta de que no debes hablar.

- *Si, inténtalo la próxima vez que te sientas tentado a actuar, a reaccionar ante un comentario, una situación, algo desagradable. Solo observa la insinuación, la orden sobre la forma en que debes reaccionar. Detenla, pásala por alto y solo obsérvala. Te darás cuenta de que no pasa nada, de que solo era algo mecánico, que tienes la opción de elegir conscientemente tus reacciones.*

- Quizás te acusen de tonto, o de ser una persona poco interesante.

- *Sí, pero seguro te sentirás libre y feliz y es mejor ser feliz que tener la razón.*

- ¿Eso de observar la mente para comprenderla no es sicología?

- *La sicología quiere comprender la mente para cambiarla o mejorarla.*

- ¿Cuál es la diferencia?

- *Que solo queremos observarla para evidenciarla, para develarla. La sicología nos involucra en la trama del sistema y no nos deja ver.*

- Cierto, no es necesario conocer el funcionamiento de un sistema para obtener de él resultados; tampoco es necesario conocerlo en su interior para detener sus procesos.

- *Solo queremos conocer su efecto y decidir si nos sirve o no. Es incluso un mejor camino no destapar esas "cajas negras" porque su contenido puede distraernos y hundirnos más en su ilusión. Basta con estar atentos al propósito que ponemos en ella para que seamos conscientes de sus verdaderos efectos. Los efectos irreales no son efectos en verdad. El deseo de abrir estas cajas es nacida de la ilusión de que allí hay algo real que debe ser modificado, que tiene efectos. Es una estrategia para meternos de nuevo en el sistema. "No intentes doblar la cuchara, eso es imposible. Solo intenta comprender la verdad."*

- Te refieres a la escena de la película Matrix.

- *Sí.*

- ¿Y cuál es la verdad a la que allí se refieren?

- *"Que no hay cuchara."*

- No entendí.

- *La cuchara representa nuestro mundo ilusorio. No existe, no es real. Estamos tratando de doblarlo, de cambiarlo pero de nada sirve, es solo un acto de magia pues no hay mundo, no hay cuchara.*

Ponerle salsa a una salsa.

- En algún momento mencionabas algo sobre pensamientos reales. ¿Es lo que llamamos pensamientos positivos?

- *No exactamente aunque están relacionados al igual que los pensamientos negativos y los irreales. Los pensamientos negativos nos hunden más en el sistema ilusorio dada sus características de fomentar el miedo, la escasez, el ataque. Los pensamientos positivos, aunque también nos aferran al mundo, están más cerca del mundo real dado que en cierta forma nos alejan del miedo aunque nos engañan al buscar una felicidad ilusoria y temporal. Dado que el mundo es una creación de la mente, en la medida que tengamos más pensamientos positivos nuestro mundo será mejor. No porque realmente estemos mejor en él o porque sea necesario hacerlo para ser felices, sino porque así no nos parecerá una carga tan pesada y difícil de superar.*

- ¿Y cuál es la diferencia entre positivo y real?

- *Pensar que somos seres perfectos es un pensamiento real; creer que todo nos va a salir bien en la vida es un pensamiento positivo. Creer que podemos sufrir es un pensamiento irreal y pensar que el mundo es un lugar malo que nos hace sufrir, es un pensamiento negativo. Unos son del ámbito de lo real y los otros del ilusorio.*

- Bueno, veo utilidad en los pensamientos positivos aunque no veo cómo los pensamientos reales puedan ser prácticos en este mundo.

- *Reconocer por ejemplo que somos hijos perfectos de Dios facilita que tengamos pensamientos positivos y esto nos acerca a la visión real ya que, en cierta forma, le quita ese sentido de seriedad y trascendentalidad que a veces le damos a la vida y que la convierten en algo trágico y melancólico.*

Cuando comenzamos a ver la realidad le restamos valor a las ilusiones, el mundo nos atrae menos, nos preocupa menos, sufrimos menos porque comenzamos a entender que no es real y no importa tanto. Igual seguimos interactuando con el mundo aunque no nos afecta tanto, no le damos tanta trascendencia a las cosas pues a la final es un sueño.

- ¿Eso no significa desatender nuestras responsabilidades?

- *No. no se deben dejar. Y no porque nos van a castigar o algo nos pueda pasar, sino porque no tiene sentido dejar de hacerlas, sobre todo si con ellas estamos haciendo que este sueño sea un mejor sueño. Lo importante es no perder de vista lo que es realmente. Eso relajaría mucho nuestras relaciones, nuestras defensas, nuestros ataques serían menos ya que no hay mucho que defender. Cuando Jesús pedía dejar todo lo que se tiene y seguirlo se refería a dejar las ilusiones del mundo.*

- No sé, a mí siempre me ha parecido que el mundo es algo difícil de llevar.

- *El mundo en si es neutro, no es ni bueno ni malo. Ninguno de los dos opuestos es cierto. Parecemos un péndulo vamos de un extremo al otro, en un momento somos felices y al siguiente infelices. En la medida que nos hacemos más conscientes de nuestra realidad es como si ascendiéramos por el péndulo, entonces el movimiento se hace más corto entre los dos extremos. Si seguimos subiendo llegaremos al punto de pivote donde no hay extremos, no hay polaridad por tanto no hay movimiento. Es allí donde se termina la dualidad. Nada es bueno o malo. Es la realidad.*

- Lograrlo es difícil. A veces pienso que es mejor quedarse tal como uno está, es mejor no meterse en esos líos de tomar consciencia. Yo veo que las personas que están en ese trabajo sufren más.

- *Generalmente vemos este trabajo como algo difícil y sufrido. Cuando sufrimos por algo que hacemos, aunque le llamemos espiritual, no es trabajo bien hecho ya que hay sufrimiento.*

- No entiendo, el sufrimiento es inevitable, no es una opción sino algo que se da.

- *Si, es una consecuencia, aunque lo importante aquí es distinguir que pertenece al ámbito del sistema y no es real. El sufrimiento es el resultado de hacer las cosas bajo el sistema de pensamiento ilusorio. Es una señal de que no estamos haciendo trabajo real; al igual que el dolor físico nos alerta de que hay algo que no está funcionando bien en nuestro cuerpo y por tanto tampoco bueno ni malo, solo no es real.*

- No lo veo así, me parece que cuando hay sufrimiento significa que estamos haciendo bien las cosas, ya que este es un trabajo duro.

- *Porque crees que sufrir es bueno y que cuando se sufre nos liberamos de las culpas. Nada más alejado de la realidad. Cualquier sufrimiento es ilusorio y solo produce pensamientos ilusorios. Para nada nos ayuda a superar el sistema ilusorio ya que lo alimenta y fortalece.*

- Si es inevitable, ¿cómo podemos entonces luchar contra él?

- *No hay que luchar contra él, evitarlo o contrarrestarlo con su opuesto. Eso también es un método del sistema. Ver la realidad no es difícil ni doloroso. Por eso es que no se trata de hacer algo sino de dejar de hacer. Precisamente para ver la realidad hay que dejar de creer en el sufrimiento. Eso no significa sufrir en silencio pues igual se sufre. No se trata de evitar el sufrimiento, porque igual se asume que el sufrimiento es real. No se trata de buscar su opuesto para desvanecerlo, pues todos los opuestos son del sistema ilusorio. Se trata precisamente de dejar de creer en el sufrimiento.*

- Uno sufre, es una realidad. ¡Cómo no sufrir en este mundo!

- *En este mundo es inevitable sufrir, hace parte del paquete. No se puede abandonar el sufrimiento y al mismo tiempo ser de mundo. Hay que morir al mundo y con ello morir al sufrimiento, hay que dejar de identificarse con un ser que puede sufrir. No es lo mismo decir "yo sufro" a "eso sufre". En la primera afirmación hay implícita una identificación que no hay en la segunda.*

- ¿La identificación con ese ser al que llamas "la máquina"?

- *Si, ella puede sufrir, es más, está hecha para eso, para manifestar sentimientos, para reaccionar a ellos*

- Si no tuviéramos sentimientos seriamos como rocas. Qué pasa por ejemplo con los sicópatas acaso ¿hay que justificarlos?

- *No se trata de justificar o juzgar un comportamiento. Los sicópatas, como todos, estamos identificados. Digamos que en ese momento funciona en "modo sicópata", al igual que funciona en "modo enamorado", en "modo rabioso", en "modo feliz", etc. Desafortunadamente cuando dicho modo no nos es conveniente, lo que hacemos es encerrarla en un sitio seguro como una cárcel, una clínica, un centro de rehabilitación o una escuela.*

- ¿Una escuela? Estás loco.

- *Es un sarcasmo; es solo para indicar que las escuelas en cierta forma semejan a centros de rehabilitación. El hecho es que encerrarla no sirve de nada, ni siquiera adiestrarla de nuevo ya que eso no cambia lo que es.*

- ¿Entonces deberíamos liberar a todos los locos y delincuentes?

- *En principio ¿por qué los encerramos?*

- Bueno, pues para protegernos en primera instancia. En segundo lugar a manera de castigo.

- *¿Tiene sentido castigarlos por ser inconscientes como en verdad lo estamos todos? Aunque nada se logra con eso ¿verdad? cuando salen son generalmente peores personas.*

- No se pueden dejar sueltos por ahí.

- *Encerrar el cuerpo no soluciona nada. En ese sentido es lo mismo suelto que encerrado, En el fondo todos estamos presos aunque no estemos en una cárcel, y no es del centro penitenciario de donde debemos ser liberados sino de la falsa identificación que la causa de todo lo que hacemos en este mundo, bueno y malo. Mientras estemos identificados con una ilusión estaremos presos no importa que sea en un cuarto de un metro cuadrado, en un lujoso templo, en un hospital, en una escuela, en nuestra casa, en una playa tomando el sol, en un tugurio, en fin.*

- Igual son peligrosos y deben ser encerrados.

- *Si sueltos o si encerrados no es la cuestión de fondo, puede que sea algo práctico aunque si queremos llegar a la solución definitiva debemos ir allí precisamente, al fondo. Volviendo al asunto de los sentimientos déjame decirte que aunque no lo creas el problema no es la máquina. Tal y como la vemos, nos guste o no, es perfecta. Está hecha para hacer exactamente lo que hace.*

- ¿Pero qué más se puede hacer? Si no la corregimos todo va a seguir igual.

- *Hay que ir un poco más atrás en nuestros pensamientos y emociones y ver de donde surgen. Hay un factor que en primera instancia suele molestar cuando se le pone en relieve y es el hecho de que estamos identificados con ella. Si nos llaman máquina nos sentimos degradados. Ello se debe a que nos identificamos. Suena paradójico, sin embargo así es.*

- ¿Y por qué no la vemos?

- *Porque estamos identificados. Déjame aclararte algo. En principio hay dos cosas que resaltar. Primero que hay dos instancias: ella y yo, es decir no son lo mismo, son diferentes y segundo que hay una identificación. La identificación es lo que nos impide verla, y como no la vemos no nos damos cuenta de que existe y por supuesto tampoco vemos que estamos identificados con ella. Ahora, esta identificación es una decisión que tomamos nosotros, no ella. Cuando retrocedemos en el curso de nuestras decisiones encontramos un punto en el que podemos vernos como un ser identificado.*

- Un momento, ya me perdí. ¿Qué significa retroceder en la decisión?

- *Cuando te observas a ti mismo tomando decisiones se desvela un observador es decir tú y por supuesto también algo que observas. Cuando no te observas estas dos instancias se unen. Este acto de unión es la identificación, y después de eso tu ser real desaparece de tu vista.*

- ¿Muere?

- *No, solo que no lo ves, no eres consciente, igual que cuando caes dormido no te mueres, solo te olvidas de que eres el soñador y crees que eres el personaje.*

- Entonces la identificación resulta de la decisión de identificarse, ja, ja.

- *Suena extraño pero así es, es una decisión que tomamos y cuando lo hacemos mágicamente olvidamos que todo a continuación es producto de ella.*

- ¿Cuando me observo reaparezco?

- *Sí, entonces se ve que hay un "algo" con el cual nos identificamos, que no es "yo".*

- Surge la nueva posibilidad de no identificarse.

- Siempre ha existido pero nunca la veíamos por lo tanto no la tomamos en consideración. Cuando estamos inmersos en la ilusión no vemos las alternativas reales, es decir las alternativas de identificarnos o no con el sistema y cuando estamos en la realidad no vemos las alternativas ilusorias, es decir las miles de opciones que el mundo nos presenta todas ellas teniendo como personaje central nuestro cuerpo, nuestro ego.

- Pero siempre estamos esforzándonos por cambiar, por ser mejores.

- Si, cuando no nos gusta lo que hacemos o lo que hacen otros tratamos de cambiar. Realmente es la máquina y es ella quien trata de cambiar. Cuando tratamos de cambiar, la estamos cambiándola a ella y nos parece que cambiamos nosotros.

- A esto lo llamamos auto superación, crecimiento personal y todo aquello encaminado a cambiar algo en nosotros o en los demás con el propósito de ser mejores.

- En verdad no podemos cambiarla, es una ilusión, es ella quien se cambia a sí misma como parte de su función haciéndonos creer que somos nosotros quienes cambiamos. De esa forma mantenemos la ilusión de que estamos mejorando y alguna vez lograremos el cambio que nos liberará.

- Y de que otra forma podríamos hacerlo.

- La liberación no viene de cambiar la máquina sino de la no identificación con ella.

- Lo siento, pero la verdad me cuesta trabajo verla, me veo a mí, es todo lo que hay.

- Ahí está la cosa, no la ves porque te identificas con ella. Ese que dice no ver, no eres realmente tú, es ella. Crees que eres "tú", te ves a "ti" en vez de a ella, es decir no la ves como una máquina sino como aquello a lo que le dices "yo".

- Esto está más enredado que un bulto de anzuelos.

- En verdad es simple: solo nos identificamos. Identificarse con algo es "creer" ser ese algo, no es "ser" ese algo. Como en el sueño.

- Sí, uno cree ser el personaje del sueño. Sufre y goza como si le estuviera pasando a uno, igual que en las películas de cine.

- Se trata entonces de ver que ese ser del sueño aunque pueda sufrir, no eres "tú", aunque verlo no es fácil. Ahora, si bien es cierto que puedo soñar que sufro, también lo es que puedo soñar que no; y definitivamente este sueño se acerca más a mi realidad invulnerable que el sueño de que soy un ser que sufre. Soy libre de elegir el sueño.

- ¿Puedo soñar lo que yo quiera?

- Si, y la prueba de ello es que lo estamos haciendo en este preciso momento. Ese es "el secreto", el famoso secreto de que tanto hablan.

- ¿La ley de atracción?

- Si, aunque debería llamarse ley de creación dado que todo lo que existe en este sueño lo hemos fabricado nosotros. Solo que hay sueños que te elevan en la medida que te acercan más a tu recuerdo del ser perfecto que eres, mientras otros te hunden y te alejan de ese recuerdo en la medida en que te identifican más con un ser vulnerable y carente.

- Entonces, dices que dado que yo construyo este sueño de dolor de trabajo y sufrimiento ¿puedo por tanto soñar lo contrario, es decir que todo es fácil, que soy millonario, que siempre seré joven y saludable y nunca moriré?

- Sí, todo en este mundo son sueños, lo que consideras bueno y lo que consideras malo, todo es creado por nuestra mente, todo es soñado, pero en resumen ambos son sueños. Eso es lo que no hay que perder de vista. Soñar que eres rico, que tienes un auto último modelo, que tienes sexo ilimitado, o la pareja perfecta no

te hará despertar; al contrario, te sumerge aún más en el sueño, te hace desearlo más. Igual sucede cuando sueñas que eres pobre, enfermizo, y desgraciado. Ello solo te involucra más en la creencia como ser vulnerable y desvalido y que hay algo en el mundo que puede liberarte de eso; el dinero, la fama, el sexo, etc.

- Pero ¿es mejor ser rico que pobre no? Ja, ja. Hay cosas en el mundo que verdaderamente son mejores, son deseables pues te hacen sentir bien.

- *Si, aunque recuerda una cosa: sentirse bien es diferente a ser feliz, son dos niveles distintos de realidad, además ser rico no es fácil, todos quieren serlo y hay mucha competencia.*

- De allí la popularidad de las drogas y el alcohol, ya que son formas rápidas y económicas de sentirse bien.

- *No son buenas o malas como tampoco lo es todo aquello que hacemos para lograr ese mismo propósito.*

- Entonces, ¿son válidas?

- *No, son ilusiones, tienen su opuesto y tarde o temprano la balanza se inclinará, no a manera de castigo sino como el cumplimiento de una ley que es inevitable en el sistema ilusorio.*

- Es cierto, a toda aparente felicidad le sigue una desdicha. ¿Es inevitable?

- *Ya sabes lo que dicen: "el que con niños se acuesta... ".*

- Sí, cuando te metes con el sistema no puedes esperar otra cosa.

- *Sin embargo esa dualidad también significa que todo puede ser visto de dos formas. Cuando vemos que nunca estamos realmente felices, que siempre algo aparece y daña esa felicidad, entonces empezamos a sospechar que esa felicidad no es real,*

- Si, vemos que la zanahoria que tanto perseguimos está atada al extremo de una vara que a su vez está fijada en nuestra cabeza, comenzamos a comprender que por más que corramos nunca la alcanzaremos. Y sin embargo seguimos persiguiéndola

- *Hasta que vemos que no es necesario.*

- Si, la necesidad es la verdadera causa, la que crea el círculo y por supuesto la que lo rompe.

- *Efectivamente, nos identificamos con un ser necesitado, buscamos satisfacer la carencia que creemos tener, y al hacerlo reforzamos la identificación con la escasez lo que crea más necesidad para satisfacer.*

- Es un círculo vicioso.

- *No hay nadie que esté totalmente satisfecho. Cuando una persona logra algo que satisface sus necesidades y supuestamente ha alcanzado la felicidad ¿qué es lo primero que hace?*

- Hace una fiesta para festejar, ja, ja

- *Si, quiere estar "más feliz".*

- Es como ponerle salsa a una salsa para mejorar el sabor.

El final es el comienzo

Definitivamente nunca respondiste mi pregunta: ¿Eres feliz?

- *Claro que sí, te dije que quería ser infeliz pero fracasé.*

- Ja, ja, contigo no hay caso. La felicidad es un asunto complicado.

Epilogo

Si la vida es un sueño, vivamos ese sueño en conexión con la luz y el amor de Dios, buscando un equilibrio en nuestros pensamientos, palabras y acciones.

Hertica.

Printed in the United States
By Bookmasters